Der hermetische Bund teilt mit:

Hermetische Zeitschrift

Nummer 18

Mein Dank geht an Peter Windsheimer für das Design des Titelbildes. Des Weiteren an Ariane und Michael Sauter.

Für Schäden, die durch falsches Herangehen an die Übungen an Körper, Seele und Geist entstehen könnten, übernehmen Verlag und Autor keine Haftung.

Copyright © 2016 by Christof Uiberreiter Verlag
Waltrop • Germany

Herstellung und Verlag:
BoD – Books on Demand, Norderstedt
ISBN 978-3-7412-0735-8

Inhaltsangabe:

1. Guido von List
H.S.

Guido Karl Anton List wurde am 5. Oktober 1848 in Wien geboren. Er war der älteste Sohn des aus einer Gastwirtsfamilie stammenden Lederwarenhändlers Karl Anton List. Seine Kindheit und Jugend verbrachte Guido im zweiten Bezirk, dem Judenviertel der habsburgischen Hauptstadt. Lists Erziehung erfolgte nach streng konservativ-katholischen Richtlinien. Nachhaltigen Eindruck hinterließen beim jungen Guido Ausflüge mit den Eltern nach Mähren und in die Umgebung Wiens. Er beginnt zu malen und will Landschaftsmaler werden. Ein Erlebnis aus dem Jahr 1862 bleibt ihm besonders nachdrücklich in Erinnerung. Bei einem Besuch der Katakomben unter dem Wiener Stephansdom zusammen mit dem Vater erlebt er seine erste große „geistige Schauung". Diese Form der Erleuchtung sagt ihm, dass die Kirche auf germanischen Fundamenten stehe – wie der Kölner Dom! – und ihm wäre die Aufgabe übertragen, die verschütteten „ur-religiösen Wurzeln unserer Kultur" freizulegen. Deswegen habe er das Gelübde abgelegt, für Wotan, den obersten Gott der Germanen, einen geistigen Tempel hier auf Erden zu errichten, der die reinen Ursprünge der Religion wiedererwecken soll.
Lists Vater möchte, dass er eine Handelsschule absolvieren sollte. Aber er sucht sich künstlerische und sportliche Ausweichnischen zur ungeliebten wirtschaftlichen Ausbildung. Er malt, dichtet, hält sich viel in der Natur auf. Zwei Jahre lang leitet er die kleine Bühne „Walhalla", und 1871 wurde er Sekretär des Österreichischen Alpenvereins, in dessen Jahresbericht er seine ersten Artikel veröffentlichte. Der Alpenverein war damals betont nationalistisch eingestellt, und durch ihn bekam List Kontakte zu arisch-völkischen Kreisen, was seiner Mentalität entsprach. Er kam rasch in den Ruf eines begnadeten Mystikers mit einem Hang zu außergewöhnlichen Aktionen. So ruderte er im Boot mit Gleichgesinnten am 24. Juni 1875 von Wien nach Carnuntum und feierte dort den 1500. Jahrestag des Sieges germanischer Stämme über die Römer. Er meinte dazu, man müsse „einsame Stätten aufsuchen, an denen unbeeinflusst von der Hand des Menschen die Natur alleine waltet" um hellsichtige Erlebnisse zu haben.
Als sein Vater 1877 starb, beendete Guido seine kaufmännische Karriere, verließ den väterlichen Laden und beschloss, auf der Grundlage eines kleinen ererbten Vermögens als freier Journalist zu arbeiten. Am 26.

September 1878 heiratete List Helene Förster-Peters und veröffentlichte in den folgenden Jahren Artikel über „Österreichs Landleben, Volksbräuchen und Heraldik" in diversen Magazinen nationaler-österreichischer Volks- und Grundprägung. Seine zwischen 1879 und 1890 erschienenen Artikel beschäftigen sich hauptsächlich mit den Landschaften der Alpen und der Donau als Sinnbilder nationaler Identität.

Da er mit dem Dombaumeister von St. Stephan, Friedrich von Schmidt, befreundet war, verbreiterte er sich auch über architektonische Themen. 1884 veröffentlicht er seinen ersten, einigermaßen missglückten Roman „Ellida". 1888 folgte „Carnuntum. Historischer Roman aus dem 4. Jahrhundert n. Chr." Er stellt darin eine hochstehende germanische Kultur der verkommenen römisch-christlichen Welt gegenüber. Mit diesem Werk gelang List der Durchbruch im völkischen Lager. Der fanatische Deutschnationale Friedrich Wannieck aus Brünn holte ihn als Vortragsredner ebenso wie die deutschvölkischen Vereine in Horn und Salzburg. 1890 starb seine Frau Helene und im selben Jahr begann List für Georg Ritter von Schönerers „Unverfälschte Deutsche Warte" sowie Karl Hermann Wolfs „Ostdeutscher Rundschau" zu schreiben. Schönerer und Wolf waren als Reichstagsabgeordnete die Stars der alldeutschen Bewegung in Österreich und beide waren von Lists Arbeiten begeistert. 1891/1892 publizierte List die „Deutsch-Mythologischen Landschafts- bilder" in zwei Bänden und das Buch „Tauf-Hochzeits- und Bestattungsbräuche und deren Ursprung". In beiden Werken durchforstet List mittelalterliche Überlieferungen mit den richtigen Ergebnissen, dass die Wappenbilder auf magische Runen zurückzuführen sind, dass Handwerksgilden über okkultes Wissen verfügten und ähnliche Wahrheiten. Bald verfasste er auch politische Schriften für Zeitschriften der Schönerer- Bewegung.

1893 gründeten List und Fanny Wechiansky die „Literarische Donaugesellschaft". Ihr Ziel war die Hebung des deutschen Nationalbewusstseins. List schrieb in den folgenden Jahren zahlreiche historische Werke: „Der Wala Erweckung. Ein skaldisches Weihespiel", „Jung Diethers Heimkehr. Eine Sonnwendgeschichte aus dem Jahr 488", „Walküren-Weihe. Eine epische Dichtung", „Pipara. Die Germanin im Cäsarenpurpur".

Wichtig für Lists weitere Entwicklung war seine Freundschaft mit Franz Xaver Kießling, dessen archäologische Forschungen ihn stark förderten. Kießling, dem heute noch in Drosendorf (NÖ) ein Museum gewidmet ist, tat sich außer mit seinen Büchern über Erdställe, das Weihnachtsfest und das Sommersonnenwendefest hervor.

Von 1894 an war List im „Bund der Germanen" aktiv. Während er die politischen Ziele der Deutschvölkischen nach wie vor rückhaltlos teilte, ging er im religiösen Bereich zunehmend eigene reine Wege. Seine Zielvorstellung war nämlich eine aktualisierte Form des germanischen Weistums. Sein 1898 erschienenes Werk „Der Unbesiegbare. Ein Grundzug germanischer Weltanschauung" bildete eine Art Katechismus des deutschen Glaubens. 1894 lernte List bei einer Aufführung eines seiner Stücke die junge, schöne Anna Wittek aus Böhmen kennen. Im August 1899 heirateten sie, und List widmete sich in der Folgezeit ganz seiner Dichtkunst. Er schrieb das deutsche Königsdrama „König Vannius", den „Sommer-Sonnwend-Feuerzauber", das Märchenspiel „Die blaue Blume", die Oper „Walpurgis" und noch vieles Ähnliches. Wichtig war ihm die programmatische Broschüre „Der Wiederaufbau von Carnuntum". Carnuntum sollte eine Art österreichisches Bayreuth werden, eine Stätte von List- und Wagner-Aufführungen im Geiste eines wiedererstarkenden rein-mittigen germanischen Glaubens. 1902 erfuhr Lists Leben eine dramatische Wendung: Er erkrankte an Schichtstar und war für elf Monate vollkommen blind. In diesen „Tagen der Dunkelheit" hatte er zahllose Visionen über die germanische Religion. Er nutzte diese Zeit, um über den Ursprung der Sprache und der Runen nachzusinnen und sie hellsichtig zu ermitteln. Dies gelang ihm nur deshalb, weil er schon seit vielen Inkarnationen eine Vorschulung in magischen Dingen besaß. Im April 1903 wieder „materiell" sehend geworden, schickte er ein Manuskript über die von ihm rekonstruierte angebliche Ursprache an die k. u. k. Akademie der Wissenschaften zu Wien. Er erhielt es umgehend kommentarlos zurückgeschickt! Mehr Glück hatte er damit in okkulten Kreisen. Die Zeitschrift „Die Gnosis" veröffentlichte seinen Artikel über „Die esoterische Bedeutung religiöser Symbole". Darin erklärt er den Prozess der Erschaffung des Universums und beschrieb als wichtigstes Symbol die Swastika oder Gibor-Rune. Über „Die Gnosis" kam List in Kontakt mit Franz Hartmann und seiner deutschen „Theosophischen Gesellschaft". Dieser war einer der engsten Vertrauten der Helena Petrowna Blavatsky und widmete sich ganz der Umsetzung ihres theosophischen Weltbildes. In ihrer 1888 publizierten „Geheimlehre" verkündete Blavatsky, dass die arische Wurzelrasse mit der germanischen Unterrasse die höchste Entwicklungsstufe der Menschheit sei. Begeistert nahm List diese und ähnliche Theorien Blavatskys auf und baute sie in sein Glaubensgebäude ein. So schuf er die Grundlage für die okkulte Richtung, die so genannte Ariosophie, zu deutsch „Arierweisheit" oder Weisheit der Reinen. Als einzige Gründer einer wahren hermetischen Kultur waren die Arier für List im Besitz der Ursprache, der Runen, aus der – nach allen Druiden – alle anderen Sprachen hervorgegangen sind. Die dabei entstandene Runenesoterik bildete den Kern seiner Lehre.

Am 2. März 1908 gründete die Kerntruppe der Listverehrer die „Guido-von-List-Gesellschaft", von welcher der alte und die wahre Form des „Sieg-Heil-Gruß" wiederbelebt wurde (siehe dazu F. B. Marbys Deutungen. Der Hrsg.), deren Zweck „die Förderung der Forschungen des verdienten Mannes" und die Publikation seiner Schriften dienten.

Als Guido von List schrieb er von 1908 bis 1911 in der „Guido-von-List-Bücherei" seine sechs esoterischen Grundlagenwerke über Runenmagie:

> „Das Geheimnis der Runen",
>
> „Die Armanenschaft der Ario-Germanen",
>
> „Die Rita der Ario-Germanen",
>
> „Die Namen der Völkerstämme Germaniens und deren Deutung",
>
> „Die Religion der Ario-Germanen in ihrer Esoterik und Exoterik" und
>
> „Die Bilderschrift der Ario-Germanen".

Als Ergänzung erschien 1914 „Die Ursprache der Ario-Germanen und ihre Mysteriensprache", welches sämtliche Analogien der einzelnen Buchstaben im Sinne von Franz Bardons Werk „Der Schlüssel zur wahren Quabbalah" enthält. Das Buch „Armanismus und Kabbala" konnte er nicht mehr vollenden, welches Beziehungen zwischen der Quabbalah und der Runenmagie erklärt hätte. Das ariosophische Weltbild Lists – der Wuotanismus – hatte die Aufgabe, zum Wohle der gesamten Menschheit eine arische Edelrasse im Sinne des wahren und ausgeglichenen Menschen heranzuziehen. Die alten Arier (Hermetiker) seien nicht nur die Kulturschöpfer der einzelnen Völker gewesen, sondern auch jene, die Ur-Sprache und Ur-Schrift hervorgebracht und die für die Ritualistik wichtigen Runen geschaffen haben.

List stand bei allen Okkultisten und Esoterikern seiner Zeit in höchstem Ansehen. Er wurde „Lehrer der Gottheit" und „Vordenker der Religion der Zukunft" genannt. Eine französische Zeitschrift entschied sich zur Formulierung: „Göttlicher Lehrer des mystischen Imperialismus". Bei der Sonnwendfeier 1911 gründete der innere Kreis seiner Anhänger in Wien den Hohen Armanen-Orden (HAO). Sofort wurde eine Pilgerfahrt zu den heiligen Plätzen des „Landes Ostara" veranstaltet: Die Katakomben unter dem Stephansdom, der Kahlenberg, der Leopoldsberg, Klosterneuburg, Brühl bei Mödling, die Burg Kreuzenstein – und natürlich Carnuntum! Der Orden sollte eine Speerspitze zur Errichtung eines neuen spirituellen Deutschland sein. Zu seinen Mitgliedern gehörten Lanz von Liebenfels, Franz Hartmann sowie zahlreiche Persönlichkeiten des öffentlichen Lebens Österreichs. Lists Bücher gingen auch im Ersten Weltkrieg durch die Reihen der Männer in den Schützengräben und Feldhospitälern. Als im Oktober 1918 die Habsburgermonarchie nach Kriegsende zusammenbrach, flüchtete der Visionär nach Brandenburg zu einem Gönner. Er erklärte, dass die Niederlage des deutschen Volkes bloß eine notwendige Läuterung vor der endgültigen Errettung der ariogermanischen Geistes, der Hermetik, sei. Etwas später erkrankte List. Er wurde nicht mehr gesund und starb am 17. (oder 19.) Mai 1919 während eines Ausflugs nach Berlin an einer Lungenentzündung. Sein Leichnam wurde in Leipzig eingeäschert und am Wiener Zentralfriedhof in einem Urnengrab beigesetzt. In seinem Nachruf schrieb sein Anhänger P. Stauff, Lists Ideen würden „unseres Volkes Zukunft erfüllen, als Vergangenheitsversprechen und Zukunftsziel, als Selbstbegreifen und Gotterfassen", was vollkommen zutrifft.

*

Seine rassistischen Ansichten, ob wahr oder unwahr, habe ich absichtlich weggelassen, weil in der damaligen Zeit alle so dachten. Die gesamte Bevölkerung war antisemitisch! Alle Spekulationen, ob er nun Adolf Hitler getroffen hat oder nicht, habe ich ausgelassen, denn Franz Bardon wurde auch vor dem sogenannten „Führer" vorgeladen …
Interessant sind seine Werke in der Guido von List-Bücherei, die für uns Hermetiker viel aussagekräftiger sind, als alle Vermutungen. Die erste Folge der Guido von List-Bücherei enthält:

- Heft 1. Das Runengeheimnis.
- Heft 2. Von der Armanenschaft der Arier.
- Heft 3. Die Rita der Arier.
- Heft 4. Die Völkernamen der Arier.
- Heft 5. Der Wiederaufbau von Carnuntum.
- Heft 6. Das Gesetz der Ursprache der Ario-Germanen.
- Heft 7. Die Geheimzeichen, Hieroglyphen und Symbole der Arier.

- Heft 8. Bauhütte und Freimaurerei.
- Heft 9. Templer-, Ritter- und Mönchsorden.
- Heft 10. Halgadome.
- Heft 11. Skaldenorden, Minnesänger, Meistersinger.
- Heft 12. Fehme und Rechtsaltertümer.

Die zweite Folge der Guido von List-Bücherei enthält:

- Heft 1. Weiße und schwarze Magie.
- Heft 2. Magie und Okkultes in den Heiligenlegenden.
- Heft 3. Okkultes in den deutschen Volkssagen, in Meinung und Brauch des Volkes.
- Heft 4. Die ariogermanischen Wihinei und Mythologie im Ringe eines Kalenderjahres.
- Heft 5. Die Sagen. Mythologie in okkult-esoterischer und historisch-exoterischer Beziehung.
- Heft 6. Zauber und Zauberglaube.

Angeblich wurden diese im Verlag von Paul Zillmann, Gross-Lichterfelde, veröffentlicht. Aber leider erschienen nicht alle …

2. Sri Chinmoy
Hohenstätten

Diesen Guru erwähnten wir bereits in „Auf der Suche nach Meister Arion". Er gab das seltsame Mantram „Gring" seinen Schülern zum Praktizieren, das aber keinerlei Wirkung zeigte oder sinnvoll zu gebrauchen wäre. Interessanter ist aber, dass sein Schüler „Michael" uns ein Foto von Sri Chinmoy zeigte, wo der Guru 1500 Kilo stemmte. Natürlich wussten wir nicht, ob dieses Foto echt oder gefälscht war. Aber als ich dann im Teletext des ZDF einen Beitrag über ihn las, dass in New York ein Wettbewerb unter Gurus vonstatten ging, wobei Sri Chinmoy gewann, in dem er ein ganzen Kleinboot mit seinen eigenen Körper heben konnte, war ich schon mehr im Glauben, dass das Foto authentisch sei.

Im Internet findet man folgendes: *„Der 73-jährige Fitness-Aktivist Sri Chinmoy hat während einer dreitägigen Veranstaltung in New York Elefanten, Flugzeuge, Athleten sowie eine Yacht gestemmt ... Allein am Sonnabend hob er 94 Tonnen. Als Gewichte dienten ihm unter anderem ein Auto, ... Außerdem stemmte er drei Elefanten, auf denen die Olympiasieger Carl Lewis, Rita Koban und Tatjana Lebedeva saßen ... „Dem Körper allein sind zwar Grenzen gesetzt, aber mit der Geisteskraft zusammen kann er Enormes leisten", erklärte Chinmoy. – Berliner Zeitung, 15. November 2004, S. 8."*

Weiters: *„Wäre Sri Chinmoy im 19. Jahrhundert geboren, hätte er Olympiasieger werden können. Denn 1896 in Athen, 1904 in St. Louis und noch 1924 in Paris gehörte einarmiges Gewichtheben zu den olympischen Disziplinen ... Die Leistung Sri Chinmoys ist bemerkenswert, ... Der amerikanische Bodybuilder Bill Pearl inspirierte den Meister dazu, Elefanten, Motorräder, Pferde, ein Orchester, eine Dampfwalze, ein Segelboot oder einen Helikopter zu liften. Alles verbürgt, mit Fotos und Fernsehaufnahmen nachgewiesen. – Süddeutsche Zeitung, 27./28. Dezember 1986, Sport."*

3. Vom Pantheismus und vom Gebet
Interview mit Helena Petrowna Blavatsky

Glauben Sie an Gott?
Das kommt darauf an, was Sie unter diesem Ausdruck verstehen.
Ich meine den Gott der Christen, den Vater Jesu, den Schöpfer, kurz den biblischen Gott des Moses.
An einen solchen Gott glauben wir nicht. Wir lehnen die Vorstellung von einem persönlichen, außerkosmischen und anthropomorphen Gott ab, der nichts anderes ist als ein gigantisches Schattenbild des Menschen selbst und dabei nicht einmal des besten Menschen. Der Gott der Theologie, so sagen wir – und beweisen es auch –, ist ein Bündel von Widersprüchen und logischen Unmöglichkeiten. Darum wollen wir nichts mit ihm zu tun haben.
Legen Sie mir bitte Ihre Gründe dar
Es gibt so viele, dass ich nicht alle erwähnen kann, aber hier sind einige: Dieser Gott wird von seinen Anhängern als unendlich und absolut bezeichnet, nicht wahr?
Ich glaube, dass er dies ist
Nun, wenn er unendlich, das heißt, grenzenlos ist, und insbesondere, wenn er absolut ist, wie kann er dann eine Form haben und wie kann er der Schöpfer von irgendetwas sein? Form bedeutet Begrenzung und sowohl einen Anfang als auch ein Ende. Um etwas zu erschaffen, muss ein Wesen denken und planen. Wie kann vom Absoluten angenommen werden, dass es denkt, das heißt, dass es irgendeine Beziehung zu etwas Begrenztem, Bestimmtem und Bedingtem hat? Das ist eine philosophische und logische Absurdität. Selbst die hebräische Kabbala lehnt eine solche Vorstellung ab und macht daher aus dem einen und absoluten gottähnlichen Prinzip eine unendliche Einheit, die Ain-Soph genannt wird. Um zu erschaffen, muss der Schöpfer tätig werden, und da dies für das Absolute unmöglich ist, musste das unendliche Prinzip als eine indirekte Ursache der Evolution dargestellt werden, das heißt durch die Emanation der Sephiroth aus sich selbst heraus.
Aber wie steht es mit jenen Kabbalisten, die immer noch an Jehovah und das Tetragrammaton glauben?
Es steht ihnen frei, zu glauben was sie wollen, denn ihr Glaube oder Unglaube kann eine selbstverständliche Tatsache nicht berühren. Die

Jesuiten sagen uns, dass 2 + 2 nicht mit Sicherheit immer 4 ist, da es vom Willen Gottes abhängt, aus 2 x 2 = 5 zu machen. Sollen wir deshalb ihre Sophisterei akzeptieren?

Dann sind Sie also Atheisten?

Nicht dass wir wüssten; es sei denn, dass die Bezeichnung Atheist auch auf jene angewendet wird, die nicht an einen anthropomorphen Gott glauben. Wir glauben an ein universales göttliches Prinzip, die Wurzel von ALLEM, aus dem alles hervorgeht und in das am Ende des ganzen Seinszyklus alles wieder absorbiert sein wird.

Das ist die altbekannte Behauptung des Pantheismus. Wenn Sie Pantheisten sind, können Sie keine Deisten sein, und wenn Sie keine Deisten sind, können Sie sich nicht dagegen wehren, dass man Sie Atheisten nennt!

Nicht unbedingt. Der Ausdruck Pantheismus ist wieder eine der vielen falsch gebrauchten Bezeichnungen, deren ursprüngliche Bedeutung durch blindes Vorurteil und einseitige Betrachtung verzerrt worden ist. Wenn Sie die christliche Etymologie dieses zusammengesetzten Wortes annehmen und es aus „alles" und „Gott" bilden und sich vorstellen und lehren, dies bedeutet, jeder Stein und jeder Baum in der Natur sei ein Gott oder gar der EINE Gott, dann wären Sie im Recht, wenn Sie aus den Pantheisten Götzenanbeter machen. Sie werden damit aber keinen Erfolg haben, wenn Sie das Wort Pantheismus von seiner esoterischen Bedeutung ableiten, so wie wir es tun.

Nun, wie definieren Sie dieses Wort also?

Lassen Sie mich einmal fragen, was verstehen Sie unter Pan oder Natur?

Ich nehme an, Natur ist die Gesamtsumme aller um uns herum existierenden Dinge; das Vorhandensein von Ursachen und Wirkungen in der Welt der Materie, die Schöpfung, das Universum.

Demnach die personifizierte Summe die Anordnung von bekannten Ursachen und Wirkungen; die Summe aller begrenzten Wirkungen und Kräfte, völlig losgelöst von einem intelligenten Schöpfer oder Schöpfern, und vielleicht „auf gefasst als eine einzige für sich bestehende Kraft", wie es in den Lexika beschrieben wird?

So ist es wohl.

Nun, wir meinen weder diese objektive und materielle Natur, die wir eine vergängliche Täuschung nennen, noch verstehen wir unter dem Wort Pan die Natur in dem Sinne, wie er vom lateinischen natura (werdend von nasci geboren werden) abgeleitet ist. Wenn im theosophischen Sinne von der

Gottheit gesprochen und diese mit Natur gleichgesetzt wird, so ist die ewige und ungeschaffene Natur gemeint und keineswegs die Summe von vorübergehenden Schattenbildern und endlichen Unwirklichkeiten. Wir überlassen es den Hymnenmachern, das sichtbare Firmament oder den Himmel Gottes Thron zu nennen und unsere niedere Erde als seinen Fußschemel zu bezeichnen. Unsere Gottheit ist weder in einem Paradies, noch in einem besonderen Baum, Gebäude oder Berg; sie ist überall, in jedem Atom des sichtbaren sowie des unsichtbaren Universums; in, über und um jedes unsichtbare Atom und teilbare Molekül herum, denn ES ist die geheimnisvolle Kraft der Evolution und Involution, das allgegenwärtige, allmächtige und ebenso allwissende schöpferische Wirkungsvermögen.

Einen Augenblick! Allwissenheit ist das Vorrecht von etwas Denkendem, und Sie sprechen ja Ihrer Absolutheit das Denkvermögen ab!

Wir sprechen sie dem Absoluten ab, da Denken etwas Begrenztes und Bedingtes ist. Aber Sie vergessen offenbar, dass in der Philosophie absolute Unbewusstheit zugleich auch absolutes Bewusstsein ist, denn sonst wäre es nicht absolut.

Dann denkt also Ihr „Absolutes"?

Nein. Das tut ES nicht; aus dem einfachen Grunde, weil es selbst absoluter Gedanke ist. Aus dem gleichen Grunde existiert es auch nicht, da es absolute Existenz ist, es ist Sein und nicht ein Wesen. Lesen Sie das wunderbare kabbalistische Gedicht von Solomon Ben Yehudah Gabirol im Kether Malkuth und Sie werden verstehen: „Du bist eins, die Wurzel aller Zahlen, aber nicht als ein Element des Zählens, denn Einheit gestattet weder Multiplikation, Veränderung noch Form. Du bist eins, und im Geheimnis deiner Einheit sind die weisesten Menschen verloren, denn sie erkennen sie nicht. Du bist eins, und Deine Einheit wird nie vermindert oder erweitert und kann nicht verändert werden. Du bist eins, und keiner meiner Gedanken kann Dir eine Grenze setzen oder dich klar umreißen. Du BIST, aber nicht als ein Existierendes, denn das Verstehen und die Schau von Sterblichen kann Dein Sein nicht erreichen, noch kann es für Dich das Wo, das Wie und das Warum bestimmen". Kurz, unsere Gottheit ist der ewige, unaufhörlich entwickelnde, nicht erschaffende Erbauer des Universums. Das Universum entfaltet sich aus seiner eigenen Essenz, es wird nicht erschaffen. Es ist, symbolisch ausgedrückt, eine Kugel ohne Umfang, die eine einzige ständig wirksame Eigenschaft hat, welche alle anderen existierenden und denkbaren Eigenschaften einschließt – sich selbst. Es ist das eine Gesetz, das den Anstoß für die manifestierten, ewigen und unveränderlichen Gesetze gibt, innerhalb des nie manifestierenden, weil absoluten Gesetzes, welches in seinen Manifestationsperioden das Immer-Werdende ist.

Ich habe einmal von einem Ihrer Mitglieder die Bemerkung gehört, dass die universale Gottheit, da sie überall sei so wohl in würdigen als auch in unwürdigen Gefäßen gegenwärtig sei und daher z. B. auch in jedem Atom meiner Zigarrenasche. Ist das nicht glatte Gotteslästerung?

Ich denke nicht, denn einfache Logik kann kaum als Gotteslästerung betrachtet werden. Wollten wir das allgegenwärtige Prinzip auch nur von einem einzigen mathematischen Punkt im Universum oder von einem einzigen Materieteilchen, das einen wahrnehmbaren Raum einnimmt, ausschließen, könnten wir es dann noch als unendlich betrachten?

Ist es notwendig zu beten? Glauben Sie an den Wert des Gebetes, und beten Sie jemals?

Nein, wir handeln anstatt zu reden.

Sie bringen also nicht einmal dem absoluten Prinzip Gebete dar?

Warum sollten wir? Da wir sehr beschäftigte Menschen sind, können wir es uns kaum leisten, damit Zeit zu verlieren, dass wir Wortgebete an eine reine Abstraktion richten. Nur die Teile des Unerkennbaren sind fähig, miteinander in Beziehung zu treten, das Unerkennbare ist aber, soweit es begrenzte Beziehungen betrifft, nicht existent. Das sichtbare Universum hängt hinsichtlich seiner Existenz und seiner Erscheinungen von seinen wechselseitig aufeinander einwirkenden Formen und ihren Gesetzen ab, nicht von Gebeten.

Also glauben Sie überhaupt nicht an die Wirksamkeit von Gebeten?

Nicht an wortreiche Gebete, die dauernd wiederholt werden, und wenn Sie unter Gebet eine äußerliche Bitte verstehen, die an einen unbekannten Gott gerichtet ist, eine Übung, die von den Juden erfunden und von den Pharisäern populär gemacht wurde.

Gibt es eine andere Art von Gebet?

Sicherlich; wir nennen es Willensgebet, und es ist eher ein innerer Befehl als eine Bitte.

Zu wem beten Sie dann, wenn Sie es tun?

Zu unserem „Vater im Himmel" in seiner esoterischen Bedeutung.

Ist dies verschieden von der Bedeutung, die ihm in der Theologie

gegeben wird?

Sie ist gänzlich verschieden. Ein Okkultist oder Theosoph richtet sein Gebet an „seinen Vater im Verborgenen" (lesen Sie Matth. 6,6 und versuchen Sie, diese Stelle zu verstehen), und nicht an einen außerkosmischen und darum begrenzten Gott; und dieser „Vater" ist im Menschen selbst.

Dann machen Sie aus dem Menschen einen Gott?

Sagen Sie bitte „Gott" und nicht einen Gott. Von unserem Standpunkt aus ist der innere Mensch der einzige Gott, von dem wir irgendeine Kenntnis erlangen können. Wie könnte es auch anders sein? Wenn Sie unserer Grundvoraussetzung, dass Gott ein universales, alles durchdringendes, unendliches Prinzip ist, stattgeben, wie könnte dann der Mensch davon ausgenommen werden, von dieser Gottheit durchdrungen zu sein? Wir nennen jene göttliche Essenz unseren „Vater im Himmel", die wir in uns, in unserem Herzen und in unserem spirituellen Bewusstsein erkennen können, und die nichts mit dem anthropomorphen Bild zu tun hat, das wir von ihr in unserem physischen Gehirn und unserer Phantasie formen mögen. „Wisst ihr nicht, dass ihr der Tempel Gottes seid, und dass der Geist (des absoluten) Gottes in euch wohnt?" (1. Kor. 3,16). Es möge aber niemand diese Essenz in uns vermenschlichen. Es möge kein Theosoph, wenn er sich an die göttliche und nicht bloß menschliche Wahrheit halten will, sagen, dass dieser „Gott im Verborgenen" dem irdischen Menschen Gehör schenkt oder, dass er – sei es vom irdischen Menschen, sei es vom unendlichen Sein – unterschieden sei, denn alles ist eins. Er möge auch nicht, wie schon bemerkt, sagen, dass ein Gebet eine Bitte ist; es ist eher ein Mysterium, ein okkulter Vorgang, durch welchen begrenzte, bedingte Gedanken und Wünsche, die von dem unbedingten, absoluten Geist nicht assimiliert werden können, in spirituelle Willensäußerungen und in Willen selbst umgewandelt werden; solch ein Prozess wird „spirituelle Transmutation" genannt. Die Intensität unseres glühenden Strebens verwandelt das Gebet in den „Stein der Weisen", in das, was Blei in reines Gold verwandelt. Die einzige homogene Essenz, unser „Willensgebet" wird zu einer aktiven schöpferischen Kraft, die die Wirkungen hervorruft, die wir wünschen.

Wollen Sie damit sagen, dass das Gebet ein okkulter Vorgang ist, der physische Ergebnisse hervorbringt?

Ja. Die Willenskraft wird zu einer lebendigen Kraft. Aber wehe dem Okkultisten und Theosophen, der Wellen der Willenskraft für egoistische und unheilige Zwecke emporsendet, anstatt die Begierde des niederen persönlichen Ich oder physischen Menschen auszulöschen und zu seinem höheren spirituellen Ego, das in atmisch-buddhisches Licht getaucht ist, zu sagen, „dein Wille geschehe und nicht der meine"! Denn das ist schwarze Magie und verabscheuungswürdige spirituelle Zauberei. Unglücklicherweise ist das die Lieblingsbeschäftigung unserer christlichen Staatsmänner und Generäle, besonders wenn letztere zwei Armeen marschieren lassen, um einander zu ermorden. Beide huldigen, ehe sie handeln, für eine Weile solcher Zauberei, indem jeder von ihnen zu dem gleichen Gott der Heerscharen Gebete emporsendet und ihn anfleht, ihm zu helfen, seinen Feinden die Kehle durchzuschneiden.

David betete ja auch zum Herrn der Heerscharen, ihm zu helfen, die Philister zu besiegen und die Syrer und Moabiter zu erschlagen, und „der Herr beschützte David, wohin immer er ging". Damit folgen wir nur dem, was wir in der Bibel finden.

Richtig! Aber da Sie sich Christen zu nennen pflegen und nicht Israeliten oder Juden, soweit mir bekannt ist, warum folgen Sie nicht lieber dem, was Christus sagt? Er befiehlt deutlich, nicht „dem Gesetz der alten Zeiten", dem mosaischen Gesetz zu folgen, sondern zu handeln, wie er es lehrte. Und er warnte jene, die mit dem Schwerte töten, dass auch sie durch das Schwert zugrunde gehen werden. Christus hat euch ein Gebet gegeben, aus dem ihr aber ein Lippengebet und eine bloße Prahlerei gemacht habt, ein Gebet, das nur ein wahrer Okkultist versteht. In diesem Gebet sagt ihr, der Bedeutung der toten Buchstaben nach: „Vergib uns unsere Schuld, wie auch wir vergeben unseren Schuldigern" (Matth. 6, Vers 12), was ihr aber niemals tut. Außer dem lehrte er euch, eure Feinde zu lieben und denen Gutes zu tun, die euch hassen. Es ist sicherlich nicht der „demütige Prophet aus Nazareth", der euch lehrt, zu eurem Vater zu beten, andere zu töten und über eure Feinde zu siegen. Das ist der Grund, warum wir das, was Sie Gebete nennen, ablehnen.

Aber wie erklären Sie die Tatsache, dass alle Nationen und Völker einen Gott oder Götter verehren und zu ihnen gebetet haben? Manche haben auch Teufel und böse Geister angebetet und sie gnädig zu stimmen versucht. Dies beweist doch nur die Universalität des Glaubens an die Wirksamkeit des Gebetes.

Es wird durch die Tatsache erklärt, dass das Gebet neben der Bedeutung, die ihm von den Christen gegeben wird, noch verschiedene andere Bedeutungen hat. Es bedeutet nicht nur eine Bitte oder ein Verlangen, es bedeutete in den alten Zeiten vielmehr eine Anrufung und Beschwörung. Der Mantram, das rhythmisch gesungene Gebet der Hindus, hat eine solche Bedeutung, denn die Brahmanen sehen sich selbst als höherstehend als die gewöhnlichen Devas oder „Götter". Ein Gebet kann auch eine Anrufung oder Beschwörung zur Verwünschung sein, wie im Fall der zwei Armeen, die gleichzeitig um ihre wechselseitige Vernichtung sowie um Segen bitten. Und da die große Mehrheit der Menschen äußerst selbstsüchtig ist, nur für sich selbst betet und bittet, dass ihr das „tägliche Brot" gegeben wird, anstatt etwas da für zu tun, und Gott bittet, sie nicht in „Versuchung" zu führen, sondern sie (und zwar nur die Bittsteller) vom Übel zu erlösen, ist das Gebet, so wie es jetzt verstanden wird, in doppelter Hinsicht verderblich. Erstens tötet es im Menschen das Selbstvertrauen und zweitens entfaltet es in ihm eine noch wildere Selbstsucht und Selbstgefälligkeit, als er sie bereits von Natur aus besitzt. Ich wiederhole: Wir glauben an eine „Kommunion" und ein gleichzeitiges Handeln im Einklang mit unserem „Vater im Verborgenen"; und wir glauben auch, dass es seltene Augenblicke einer ekstatischen Glückseligkeit gibt, wenn unsere höhere Seele sich mit der universalen Essenz vereint, angezogen von ihrem Ursprung, ihrem inneren Mittelpunkt, ein Zustand, der während des Lebens Samadhi und nach dem Tode Nirvana genannt wird. Wir weigern uns aber, zu erschaffenen, begrenzten Wesenheiten zu beten, wie Götter, Heilige, Engel und dergleichen, denn dies betrachten wir als Götzendienst. Zum Absoluten aber können wir nicht beten aus den Gründen, die vorher erklärt worden sind. Darum bemühen wir uns, an die Stelle fruchtlosen und nutzlosen Betens verdienstvolle und wohltätige Handlungen zu setzen.

Die Christen würden dies Hochmut und Gotteslästerung nennen.

Ganz sicher. Aber sie sind diejenigen, die im Gegensatz dazu einen teuflischen Hochmut zeigen in ihrem Glauben, dass das Absolute oder Unendliche – selbst wenn es die Möglichkeit einer Beziehung gäbe zwischen dem Nicht-Bedingten und dem Bedingten – sich so erniedrigen lässt und jedes närrische und selbstgefällige Gebet erhört. Und es sind wiederum sie, die Gotteslästerung betreiben, indem sie lehren, dass ein wissender und allmächtiger Gott gesprochene Gebete benötigt, um zu wissen, was er zu tun hat! Dies wurde, esoterisch verstanden, von Buddha und Jesus bekräftigt. Der eine sagt: „Suche nichts bei den hilflosen Göttern – bete nicht, handle lieber! Denn die Dunkelheit wird nicht leuchten. Frage nicht die Stille, denn sie kann weder sprechen noch hören". Und Jesus empfiehlt: „Was immer ihr in meinem Namen bitten werdet (dem von

Christos), will ich tun" (Joh. 14,13). Natürlich richtet sich dieses Zitat, wenn wörtlich genommen, gegen unser Argument. Aber wenn wir es in seiner esoterischen Bedeutung nehmen, in der vollen Kenntnis der Bedeutung des Begriffs „Christos", der für uns Atma-Buddhi-Manas darstellt, das SELBST, dann bedeutet es folgendes: Den einzigen Gott, den wir anerkennen und zu dem wir beten, oder mit dem wir in Einklang handeln müssen, ist der Geist Gottes, von dem unser Körper der Tempel ist und in dem er wohnt.

Aber hat Christus nicht selbst gebetet und das Gebet empfohlen?

So wird es berichtet; doch sind diese „Gebete" von der bereits beschriebenen Art; eine Vereinigung mit seinem „Vater im Verborgenen". Wenn man andererseits Jesus mit der universalen Gottheit gleichstellt, dann wäre man doch zu der unlogischen Folgerung gezwungen, dass er, der „wahrhaftige Gott", sich selbst anbetet und den Willen Gottes von seinem eigenen abgesondert habe.

Es soll noch ein Grund angeführt werden und zwar ein solcher, den viele Christen anführen. Sie sagen: „Ich fühle, dass ich nicht imstande bin, durch meine eigene Kraft meine Leidenschaften und meine Schwächen zu besiegen. Aber wenn ich zu Jesus Christus bete, dann fühle ich, dass er mir Stärke gibt und dass ich durch seine Kraft siegen kann".

Kein Wunder. Wenn „Jesus Christus" Gott und unabhängig und getrennt vom Betenden ist, so muss ihm, dem „allmächtigen Gott", doch alles möglich sein. Aber wo bleibt bei einer solchen Überwindung das Verdienst oder die Gerechtigkeit? Warum sollte der falsche Sieger für etwas belohnt werden, was ihn nur ein Gebet kostete? Würden Sie als gewöhnlich Sterblicher einem Arbeiter den vollen Tageslohn bezahlen, wenn Sie selbst alle Arbeit für ihn tun müssten, er aber unter einem Apfelbaum säße und die ganze Zeit zu Ihnen betete, dies zu tun? Diese Idee, sein ganzes Leben in moralischer Trägheit zuzubringen und seine Arbeit und Pflicht von einem andern tun zu lassen, sei es Gott oder Mensch, ist für den Theosophen empörend und erniedrigend.

Das mag vielleicht so sein; doch ist die Idee, auf einen persönlichen Erlöser zu vertrauen, der helfend und stärkend in den Lebenskampf einwirkt, nun einmal eine Grundlage des modernen Christentums. Und es besteht kein Zweifel, dass ein solcher Glaube subjektiv wirksam ist, das heißt, dass diejenigen, die glauben, tatsächlich fühlen, es werde ihnen geholfen und sie würden gestärkt.

Aber es besteht doch auch kein Zweifel daran, dass einige Patienten der „christlichen" oder „mentalen Wissenschaftler", der großen Leugner, bisweilen geheilt werden. Auch kann kein Zweifel bestehen, dass Hypnose, Suggestion, Psychologie und auch die Medialität solche Ergebnisse ebenso oft, wenn nicht noch häufiger hervorbringen. Bei einer solchen Schlussfolgerung wird lediglich auf die Erfolge gesehen und diese als Beweis betrachtet. Aber wie steht es mit den Misserfolgen, deren Zahl eine zehnmal größere ist? Es wird doch niemand behaupten wollen, dass Misserfolge unbekannt sind, selbst wenn der Glaube unter fanatischen Christen noch so blind sein sollte?

Aber wie können Sie jene Fälle erklären, die erfolgreich sind? Woher nimmt der Theosoph die Kraft, um seine Leidenschaften und Selbstsucht zu überwinden?

Aus seinem Höheren Selbst, dem göttlichen Geist, dem Gott in ihm. Es muss immer wieder wiederholt werden, dass man den Baum an seinen Früchten er kennt, die Art der Ursachen an ihren Wirkungen. Sie sprechen von Überwindung von Leidenschaften und davon, dass Gutes entstehen könne durch und mit Hilfe von Gott oder Christus. Wir fragen jedoch, wo findet man mehr tugendhafte, schuldlose Menschen, die sich der Sünde und des Verbrechens enthalten, im Christentum oder im Buddhismus, in christlichen oder heidnischen Ländern? Es gibt statistische Erhebungen, die unsere Behauptungen beweisen. Betrachtet man die Angaben der letzten Volkszählung in Ceylon und Indien und die vergleichenden Statistiken der Straftaten, die von Christen, Moslems, Hindus, Eurasiern, Buddhisten etc. begangen wurden, dann kommt es bei einer Zufallserhebung von je 2 Millionen Einwohnern zu einer Proportion von 15 von Christen zu 4 von Buddhisten begangenen Straftaten. Jeder Orientalist, alle bedeutenden Historiker und Reisenden in buddhistischen Ländern, von Bischof Bigandet und Abbé Huc bis zu Sir William Hunter und jedem unvoreingenommenen Amts träger, sie alle werden die Palme der Tugenden den Buddhisten und nicht den Christen zusprechen. Und doch haben die ersteren keinen Glauben an irgendeinen Gott, noch an eine ihnen jenseits dieser Welt zuteil werdende Belohnung. (Jedenfalls nicht die echte siamesisch-buddhistische Sekte). Sie beten nicht, weder die Priester, noch die Laien. „Beten", so würden sie verwundert fragen, „zu wem oder zu was"?

Dann sind sie doch wirkliche Atheisten?

Ohne Zweifel; sie sind die tugendhaftesten Menschen auf der ganzen Welt. Der Buddhismus sagt: „Achte die Religionen anderer Menschen und bleibe deiner eigenen treu"; während die christliche Kirche alle Götter anderer Völker für Teufel erklärt und jeden Nicht-Christen zur ewigen Verdammnis verurteilt.

Tut nicht die buddhistische Priesterschaft dasselbe?

Niemals. Sie hält sich zu sehr an die weise Vorschrift im DHAMMAPADA, in der es heißt: „Wenn ein Mensch, ob gelehrt oder nicht, sich so erhaben fühlt, dass er andere verachtet, so ist er wie ein Blinder, der eine Kerze hält; selbst blind, leuchtet er anderen".

4. Der Hüter der Schwelle
William Judge

Existiert ein solches Wesen wirklich? Hat irgendjemand es schon gesehen? Gibt es viele oder nur wenige und haben sie dieses oder jenes Geschlecht? Solches sind die Fragen, die beinahe von allen Lesern der theosophischen Literatur gestellt werden. Einige dieser Leser, die ein Leben lang im Geheimen an Feen und Riesen der alten Zeit geglaubt haben, sind soweit gegangen, den schrecklichen Schatten herauf zu beschwören, damit er mit seinen schauderhaften Augen – Lytton Bulwer hat diese so ausführlich in seinem Zanoni beschrieben – ihr Blut gefrieren mache. Aber der Hüter kommt auf solche Einladungen hin nicht und hat nichts von sich merken lassen, sondern sucht den Beschwörer durch das Verharren in absolutem Schweigen Glauben zu machen, dass der Hüter überhaupt nicht existiere. Nun studiert aber derselbe Forscher nachher und mit Eifer die theosophischen Bücher und macht nach einiger Zeit den Versuch, seine eigene innere Natur zu finden. Während dieser ganzen Zeit hat der Hüter gewartet und war – wie man sagen kann – in Wirklichkeit über die Existenz des Neophyten in völliger Unwissenheit. Wenn das Studium aber weit genug vorangeschritten ist, um seit langem schlafende Sinne und Tendenzen aufzuwecken, dann fängt der Hüter an zu fühlen, dass dieser Mensch bei der Arbeit ist. Dann werden gewisse Einflüsse gefühlt, obwohl nicht immer mit Klarheit und im Anfang niemals ihrer wirklichen Quelle zugeschrieben, da diese ja seit langem in die Rumpelkammer überwundenen Aberglaubens verbannt worden ist. Das Studium geht aber weiter und immer weiter, bis das schreckliche Ding sich enthüllt hat; und wenn das geschieht, dann ist es kein Aberglaube mehr und wird nicht als Phantasiegebilde angesehen werden. Und dann kann man es auch nicht mehr loswerden, es bleibt in der Nähe als eine fortwährende Gefahr, bis es endlich besiegt und zurückgelassen ist. Als Glyndon von Mejnour in dem alten italienischen Schloss zurück gelassen worden war, fand er zwei Vasen mit der bestimmten Anweisung, sie nicht zu öffnen. Doch im Ungehorsam nahm er die Stöpsel heraus und sofort war der Raum wie von einem Rausch erfüllt; aber bald darauf erschien auch die schreckliche, ekelhafte Kreatur, deren glühende Augen in boshaftem Licht wild umherblickten und in Glyndons Seele mit einem solchen Schrecken eindrangen, wie er ihn noch nie gefühlt hatte.

Durch diese Geschichte wollte Lytton Bulwer zeigen, dass das Öffnen der Vasen vergleichbar mit dem sich Nähern des Schülers an die geheimen Kammern seiner eigenen Natur ist. Er öffnet die Behälter und erfährt zuerst eine große Freude und eine Art von Berauschung durch die für jedes Lebensproblem gebotene neue Lösung und durch die schwach sichtbaren Möglichkeiten der Macht und des Fortschrittes, die offen vor ihm liegen. Wenn die Vasen lange genug offen gehalten werden, dann erscheint der Hüter der Schwelle gewiss, und kein Mensch ist von diesem Anblick befreit. Güte ist nicht ausreichend, um seine Erscheinung zu verhindern, weil selbst der gute Mensch, der eine schmutzige Stelle auf dem Weg zu seinem Bestimmungsort findet, notwendigerweise sie passieren muss, um das Ziel zu erreichen. Wir müssen nun weiter fragen: WAS ist dieser Hüter? Er ist der gesamte üble Einfluss all der bösartigen Gedanken und Handlungen der Zeit, in welcher irgendjemand lebt, und dieser nimmt für jeden Forscher bei jedem einzelnen Erscheinen eine bestimmte Form an, entweder stets dieselbe oder jedes Mal eine andere. So mag einmal die Erscheinung der Beschreibung Lytton Bulwers gleichen, während sie bei anderen nur ein gefürchtetes Schaudern oder irgendeine andere Form ist. Für jeden Schüler ist sie spezialisiert und empfängt ihre Form durch die Tendenzen und die natürlichen physikalischen und psychischen Kombinationen, die der Familie und Nation des Schülers eigen sind. Wo hält sich nun dieser Hüter auf? Das ist die nächste natürliche Frage. Er wohnt in seinem eigenen Ort und das kann auf folgende Weise verstanden werden. Um jeden Menschen existieren Ebenen oder Zonen, die mit Geist anfangen und mit grober Materie enden. Diese Zonen breiten sich in ihrer Längsrichtung rings um den ganzen Menschen aus; d. h. wenn wir uns als ein Wesen in der Mitte irgendeiner dieser Zonen denken, so werden wir keinen Weg finden, der uns das Übergehen oder Zurseitesetzen irgendeiner von diesen Zonen möglich macht, weil wir nach jeder Richtung hin davon solange umschlossen sind, bis wir sie überwunden haben. Wenn der Schüler schließlich einen Halt in wirklicher Aspiration gewonnen und einen Schein von dem flammendem Ziel der Wahrheit empfangen hat, wo die Meister stehen, und in sich den Entschluss geboren hat, dass er wissen und sein will, dann geht die ganze Strömung seiner Natur Tag und Nacht darauf hin, die Begrenzungen zu zerbrechen, die bisher seine Seele gefesselt hatten. Nicht eher beginnt er einen kleinen Schritt vorwärts zu gehen, bis er die Zone erreicht, die außerhalb nur körperlicher und mentaler Eindrücke liegt. Zuerst werden die kleineren Hüter der Schwelle aufgescheucht, und diese

greifen den Schüler nun in der Form von Versuchungen, Aufregungen, Zweifeln oder Verwirrungen an. Er fühlt nur die Wirkungen, denn diese enthüllen sich nicht als Formen. Aber Ausdauer in der Arbeit bringt den inneren Menschen noch weiter (und mit diesem Fortschritt wird dem äußeren Gemüt auch eine Einsicht in die gemachten Erfahrungen zuteil), bis er zuletzt die ganze Macht der üblen Seite aufgejagt hat, welche sich seinem Erreichen des guten Zieles, das er sich gesetzt hat, nun entgegenstellt. Dann nimmt der Hüter eine solche Form an, wie es die Verhältnisse ermöglichen. Dass er irgendeine bestimmte Form annimmt oder sich mit unzweifelhaftem Schreckgefühl bemerkbar macht, das ist eine von vielen Schülern bestätigte Tatsache. Einer von diesen Schülern sagte mir, dass er ihn als einen abscheulichen Unhold mit solch boshaften Augen sah, die nicht zu beschreiben sind. Als der Schüler zurückwich – d. h. furchtsam wurde – zeigte sich dieses Wesen vergnügt und unheilverkündend, und als der Schüler völlig nachgab, da war das Wesen ganz verschwunden. Dann fiel der Schüler in Gedanken und Handlungen mit gelegentlichen Momenten des Aufraffens, um den verlorenen Boden zurück zu gewinnen, noch weiter zurück. Sobald diese Momente eintraten, erschien der schreckliche Unhold wieder, um nur dann zu verschwinden, wenn die Aspirationen wieder fallen gelassen worden waren. Während all der Zeit wusste aber der Schüler, dass er dadurch den Kampf für die Zukunft nur noch schwerer machte. Ein anderer Schüler sagte, dass er den Hüter in der finsteren Form eines boshaft blickenden Mannes sah, dessen leichteste Bewegung oder Blick die Absicht und Fähigkeit ausdrückte, des Schülers Verstand zu ruinieren. Nur die stärksten Anstrengungen des Willens und Glaubens vermochten den üblen Einfluss zu vertreiben. Derselbe Schüler fühlte den Hüter zu anderen Zeiten als einen vagen und doch fürchterlichen Schrecken, welcher ihn ganz zu umhüllen schien. Diesem gegenüber ist der Schüler zeitweilig zurückgewichen, um sich durch intensives Selbststudium zu reinigen und um dann für den nächsten Angriff mutiger zu sein.
Diese Dinge sind nicht die gleichen, wie die Versuchungen des Heiligen Antonius. In seinem Fall scheint er einen hysterischen sinnlichen Zustand herbeigeführt zu haben, in dem die noch nicht besiegten geheimen Gedanken seines Herzens sichtbaren Ausdruck gewannen. Der Hüter der Schwelle ist kein Gehirnprodukt, sondern ein Einfluss auf einer Ebene, die für den Schüler unbekannt ist, in der sein Erfolg oder Versagen aber von seiner eigenen Reinheit abhängt. Von reinen Dilettanten der Theosophie

braucht er nicht gefürchtet zu werden; und kein ernsthaft Strebender, der sich absolut berufen fühlt, mit Ausdauer nach den höheren Zuständen der Entfaltung zum Wohle der Menschheit zu ringen, also nicht für sich selbst allein, braucht irgendetwas zu fürchten, was im Himmel oder in der Hölle ist.

Nun aber will ich euch verkündigen jene ein verborgenes Dasein bewirkende, selige Einkehr, welche in der Mitte aller Wesen erfolgt durch milde oder rauhe Mittel. Das Verhalten, welchem Tugend nicht mehr für Tugend gilt, welches ohne Anhänglichkeit, einsam und frei von den Unterschieden ist, dieses ganz in Brahman aufgehende Verhalten nennt man das auf die einzige Stätte gerichtete Glück.

Der als Weiser die Begierde von überallher in sich zurückzieht wie die Schildkröte ihre Glieder, ein solcher leidenschaftsloser und nach allen Seiten freier Mann ist immerfort glücklich; die Begierden in sein Inneres zurücktragend, den Durst vernichtend, absorbiert und gegen alle Wesen wohlwollend und freundlich, wird er tauglich zum Brahmansein.

Durch Niederhaltung aller nach den Dingen trachtenden Sinnesorgane wird in dem Muni (Einsiedler), indem er die Wohnstätten der Menschen meidet, das Feuer des eigenen Selbstes entzündet.

So wie das durch Brennholz entflammte Feuer mit großem Scheine aufleuchtet, so wird durch Niederhaltung der Sinnesorgane der große Atman aufleuchten.

Wenn einer alle Wesen mit ruhigem Selbst in seinem eigenen Herzen schaut, dann dient er sich selbst als Licht und gelangt aus dem Verborgenen zu dem allerhöchsten Verborgenen. Seine Sichtbarkeit ist Feuer, sein Fließendes ist Wasser, seine Fühlbarkeit ist Wind, sein scheußliches Schmutztragendes ist Erde, und sein Hörbares ist Äther; von Krankheit und Leid ist er erfüllt, von den fünf Strompforten (Sinnen) umgeben, aus den fünf Elementen zusammengeflochten, mit neun Toren, von zwei Göttern bewohnt, unsauber, unansehnlich, drei-gunahaft, dreigrundstoffhaft, berührungssüchtig und voll Torheit, – das ist der Leib, das ist gewiss.

Überall in dieser Welt schwer zu behandeln und die Intelligenz als Stütze habend, rollt der Leib in dieser Welt auf dem Wagen der Zeit dahin.

Diesen furchtbaren, unergründlichen, großen Ozean, der da heißt Verblendung, soll man abtun, soll man vernichten und die unsterbliche Welt in sich zum Erwachen bringen.

Begierde, Zorn, Furcht, Habsucht, Tücke und Unwahrheit, diese alle wirft er durch Unterwerfung der Sinnesorgane ab, obgleich sie schwer abzuwerfen sind.

Wer diese, die Dreigunahaften, Fünfelementhaften in der Welt überwunden
hat, dessen Stätte ist im Himmel, dem wird Unendlichkeit zuteil.

Ihm, der die fünf Sinne als große Ufer, der den Drang des Manas als
mächtige Strömung hat, den Fluss, der sich zum See der Verblendung
ausbreitet, soll man durchschwimmen und beides überwinden, die Begierde
und den Zorn. Dann schaut man, befreit von allen Gebrechen, jenes
Höchste, dessen Manas in seinem Manas einschließend und das Selbst in
seinem Selbst schauend. In allen Wesen allwissend, findet er in seinem
Selbst das Selbst, indem er sich in eines oder in viele wandelt, bald hier,
bald dort.

Dann durchschaut er völlig die Gestalten, so wie man mit einer Fackel
hundert Fackeln entzündet, dann ist er Wischnu und Mitra, Waruna, Agni
und Pradschapati; dann ist er Schöpfer und Ordner, der Herr, der
Allgegenwärtige, dann wird er als das Herz aller Kreaturen, als der große
Atman erstrahlen; dann werden ihm Brahmanenscharen, Götter, Dämonen,
Halbgötter, Unholde, Manen und Vögel, Koboldscharen, Gespenster-
scharen und alle großen Weisen für und für lobsingen.

6. Khan – Hermetische Aufsätze
Charakter und Schicksal

Wenn jemand hört, dass der Charakter Einfluss auf das Schicksal ausübt, so fragt er sich erstaunt, inwiefern dies wahr sein könne, denn er kennt viele Leute, denen es ausgezeichnet geht, ohne dass von ihnen angenommen werden könnte, dass sie ihre hohe Stellung oder ihren Reichtum guten Charaktereigenschaften zu verdanken hätten.

Das erste, worüber der Mensch strauchelt, wenn er einen Charakter bewundert oder gar vergöttert, ist, dass er zugleich an dessen praktischen Nutzen denkt. Dadurch aber, dass der praktische Nutzen ihm wichtig ist, wird der himmlische Segen außer acht gelassen. Sein Sinnen und Trachten ist vor allem auf sein Schicksal gerichtet, dass dieses recht günstig und glücklich sein möge. Glaubt man jedoch mittels eines guten Charakters allein alles zu erlangen, was man sich wünscht, so wird man enttäuscht, denn man entdeckt, dass dies nicht stimmt. Wenn es sich zum Beispiel um Geschäfte handelt, so braucht es unermüdlichen Fleiß zum Erfolg, da ist der Charakter allein nicht ausschlaggebend.

Fragen wir uns nun, ob Glück haben im Erlangen von weltlicher Macht, von Reichtum oder Stellung liegt – wenn diese unser Glück ausmachen, so ist es bedauerlich. Denn solches stellt das armseligste Glück dar. Wie hoch eines Menschen Stellung sei, wie groß sein Reichtum, das hat ja mit seinem wahren Glück, mit der Zufriedenheit seines Gemütes nichts zu tun. Auch das Herz desjenigen, der in einem Palast lebt, kann Tag und Nacht gequält sein. Ist das ein glückliches Schicksal? Tausenderlei beschwert ihn; seine eigenen Wünsche sind seine Feinde. Ist das denn Glück?

Glück kann in der bescheidensten Hütte gefunden werden. Aber wer unter dem Mangel an Geld leidet, der wird dennoch vom Reichen sagen: „Welch glückliches Los ist ihm beschieden!" Gleichzeitig denkt der Reiche bei sich: „Sie trachten alle danach, soviel wie nur möglich von mir herauszukriegen. Sie warten nur auf die Stunde, wo ich die Augen schließen werde und meine Güter ihnen als Erbschaft zufallen." Viele Gemüter sind es, die unablässig gegen sich arbeiten.

Ist Gesundheit Glück? Ist der Gesunde stets glücklich, ist sein Gemüt fortwährend ruhig? Ist sein Herz immer zufrieden? – Wann nicht, – sind dann diese Dinge überhaupt wünschenswert? Gewiss, aber kann man deswegen sagen, dass sie das Glück ausmachen? Kann behauptet werden, dass sie den Bedürfnissen des Lebens genügen können? Nur dann, wenn wir an Geld und Gesundheit Mangel leiden, bedeuten sie für uns das Glück. Erlangen wir beides, so werden wir gewahr, dass wir immer noch nicht zufriedengestellt sind. Es muss also noch etwas anderes geben, was das Glück ausmacht. Auch am Fromm- und Religiössein liegt es nicht. Das Glück besteht in der Erfüllung dessen, was ein jeder haben möchte, was er sich wünscht und was er für sich erwählen würde.

Und was wünschen wir denn eigentlich? Alles das, was entsprechend unserem Entwicklungszustand uns das Beste zu sein scheint, das, was wir glauben, wünschen und besitzen zu wollen, – alles, was wir als „Glück" ansehen. Kommt es aber einmal darauf an, diese Dinge zu geben, dann sind wir dazu nicht bereit. Darin liegt das ganze Geheimnis. Könnten wir nur die Tatsache erfassen, dass es an uns ist, andern zu geben, was wir von ihnen erwarten. Sind wir etwa in der Gesellschaft eines gerechten, ruhigen und zuverlässigen Menschen, so steigt uns der Wunsch auf, wir möchten doch im Beruf und im Geschäft mit einem solchen verkehren. Geschieht es aber, dass wir auf die Probe gestellt werden, wenn wir uns gerecht und ruhig erweisen sollten, so versagen wir. Erwarten andere, dass wir sie gerecht, entgegenkommend und freundlich, mit Gleichheit und Zuverlässigkeit behandeln, dann unterlassen wir es ganz, diese Eigenschaften zu betätigen. Vor lauter Nachdenken über die eigenen Ziele vergessen wir, was wir andern schuldig sind.

Der Seher lehrt daher, dass wir alles Schöne und Wünschenswerte in uns selbst erschaffen sollen, anstatt es von andern zu erwarten. Welch eine Aufgabe! Welch eine große Befriedigung würde es gewähren, wenn z. B. jedes Land alles das selbst hervorbrächte, was es auswärts sucht! Welch ein unabhängiges Leben würde uns zuteil, wenn wir selbst das schafften, was wir von andern zu erhalten hoffen. Statt von andern abhängig zu sein wegen etwas, das wir ihnen geben könnten, würden wir diejenigen sein, welche die Freude, des Gebens genießen. Wie könnten wir durch Gütigsein Freiheit und Freude erringen! Auch wenn es noch so natürlich ist, dass wir geliebt und bewundert werden – sind wir nicht dennoch abhängig? Die Gattin ist von der Liebe ihres Mannes abhängig, der Freund von der Liebe des Freundes. Läge des Menschen Freude in dem Lieben selbst, nicht in der geliebten Person, so wäre er frei, unabhängig. Derjenige genießt das Leben, der andern Gutes erweist. Wer Gutes empfängt, wird dadurch nur anspruchsvoller und wird dazu verleitet zu denken: „So handelt er nur sich selbst zuliebe; mich berücksichtigt er nicht; mir hilft er nun nicht; mir gegenüber hat er sich jetzt nicht schön benommen ..." und sein Leben wird voller Groll, weil er darauf eingestellt ist, dass andere ihm alles Gute geben sollen, was er sich erwünscht; er ahnt aber nicht, dass er es in sich haben sollte, dass er unabhängig sein sollte. Darin liegt das Geheimnis vom Charakter.

Wie wunderbar, dass alles, was wir in unserem Charakter hegen, sich der Umgebung mitteilt, und zwar nicht nur den Menschen, sondern auch den Tieren und Vögeln, wie etwa unseren Lieblingen in Haus und Hof. Wir würden von der Wirkung dieses Einflusses auf unsere Umwelt höchst erstaunt sein, wenn wir ihn in seinem ganzen Umfange zu sehen vermöchten.

Die Wissenschaft lehrt, dass durch die Affinität Gleiches von Gleichem angezogen wird. Strahlen wir also Güte aus, so kommt nur Güte an uns heran; selbst diejenigen, denen die Güte abgeht, wissen, dass sie Gottes ist. Alle im göttlichen Urgeist enthaltenen Attribute und damit auch alle Güte, sind ebenfalls im Menschengeist enthalten. Wie bösartig, zügellos und heruntergekommen ein Mensch auch sein mag, seine Macht wird uns nicht beeinflussen können, wenn wir in ganz entgegengesetzter Geistesverfassung sind, denn es wird da unsere Macht viel größer sein als die seinige. Die Macht des Guten besiegt die Macht des Bösen. Bosheit ist Schwäche – Güte ist Kraft.

Ein Mensch, der aufbrausend zu sein pflegt, kann eine andere ebenfalls aufbrausend veranlagte Person nicht im Zaume halten, solange sie in seiner Nähe ist. Er hat selbst die nämliche Schwäche, und die andere Person verliert da auch die Herrschaft über sich. Derjenige aber, der sich in der Gewalt hat, der wird lächelnd zu allem „Ja" sagen, werde er dadurch noch so oft den Wutanfällen anderer ausgesetzt. Er wird einfach zuwarten. Wer Macht über sein Gemüt hat, hat viel Macht, der aber solche nicht hat, der kann weder psychische noch physische Vorgänge beherrschen. Er kann beispielsweise seine Söhne und Töchter nicht dazu bringen, auf ihn zu hören, weil er nicht einmal auf sich selbst hören kann. Würde er seiner inneren Stimme folgen, so würden ihm nicht nur die Menschen, sondern selbst Dinge gehorchen. Das wahre Selbst übernimmt aber die Führung erst dann, wenn wir es ihm erlauben. Wir sind immer auf Irrwegen, wenn wir nicht durch das intuitive Selbst geleitet werden. Haben wir aber unsere Intuition enttäuscht, so erfolgt Verwirrung und wenn wir unsere Selbstbeherrschung verloren haben, stellt sich Misserfolg ein.

Die Schwäche eines Menschen wirkt verderblich auf sein Handeln. Der ganze Umkreis seiner Tätigkeit (Familie, Weltleben, Geschäft, Industrie usw.) wird von der betreffenden Charaktereigenschaft beeinflusst. Glaubet daher nicht, dass eine Persönlichkeit, die eine hohe Stellung bekleidet, auch immer einen idealen Charakter habe, – wenn gediegene Charaktereigenschaften mithelfen würden, wären sie in zehnmal höherer Stellung.

Der Charakter ist unser Lehrer. Wir haben es nicht nötig über Tugend, Güte und Gerechtigkeit zu sprechen, unsere eigene Rechtschaffenheit sollte ohne Worte wirken, unsere Güte hinreichend sein in unserer Umgebung einen Wandel zum Guten zu erwirken. Beständig suchen die Menschen nach psychischer Macht und Herrschaft in Äußerlichkeiten und achten nicht, dass sie in ihnen selbst vorhanden sind. Wir sind uns selbst der allergrößte Feind. Das Pferd will dorthin, wo der Reiter nicht will; das „Ich" will nicht auf die innere Stimme hören, will ihr nicht gehorchen. Nicht was die Leute sagen, nicht was der Geistliche, nicht was die Kirche sagt, ist maßgebend; – der uns unterweisende Meister ist in uns und um uns. Sind wir gewillt uns führen zu lassen, so kann ein jedes Ding uns etwas lehren. Wünschen wir den Vorteil der Mäßigkeit zu sehen, so werden wir ihn an maßvollen Menschen erkennen; wollen wir die Folgen der Unmäßigkeit sehen, so finden wir sie an den Maßlosen; wollen wir die Vorzüge des Geführtwerdens beobachten, so können wir sie an denen sehen, die sich führen lassen. Es ist alles Sache der Erfahrung und des Ergründens. Unser innerer Führer, der uns dem wahren Ideal entgegenführt, wird nie versagen. Wir sollten alles tun, was wir wünschen, dass andere uns erweisen möchten und wir sollten es lassen, für andere etwas zu tun, so gerne wir es auch möchten – wenn es ihnen unerwünscht ist. Alles was wir von der Welt erwarten, begehren wir nur in Bezug auf unser eigenes Wohl. Würden wir aber mit einer andern Einstellung handeln, wir würden ungleich bedeutendere Persönlichkeiten werden; statt Beispiele der Selbstsucht zu sein, würden wir unser Bestes im Geben für unsere nächsten Verwandten, Kinder und Freunde erblicken.

Im allgemeinen gleicht das Leben einer mit Dornen behafteten Pflanze. Überall wo wir zugreifen wollen, stoßen wir auf einen Dorn. Je mehr unsere Augen geöffnet sind, auf desto mehr Domen stoßen wir: Dornen der Selbstsucht, denn ein jedes „Ich" wünscht das Beste für sich selbst und ist dem Geben abgeneigt. Versuchten wir, und wäre es nur aus Neugierde, eine Rose zu werden – dann wäre unser Leben wert gelebt zu werden.

Sobald wir anfangen unsere eigenen Fehler einzusehen, so erkennen wir, wie viel mehr wir eigentlich tun müssten, um des Namens „Mensch" würdig zu sein. Ghalib sagt: „Von allen Schwierigkeiten im Leben des Menschen ist wohl das Schwierigste, wirklich Mensch zu werden."

Eines Tages begegneten sich zwei Madzubs auf einem Marktplatze (ein Madzub ist ein sich der geistigen Erkenntnis widmender Mensch, der abseits der Menge lebt, die ihn für geistig gestört hält). Ein Zuschauer war höchst erstaunt zu sehen, wie zwei solch „verrückte Kerle" sich grüßten. „Was besteht da für eine Bruderschaft zwischen närrischen Leuten!" Er begab sich zur Wohnstätte des einen der Madzubs und wartete lange, bis es diesem beliebte mit ihm zu sprechen. Nach geraumer Zeit war der Madzub in Stimmung, sich mit ihm zu unterhalten. Er legte seine vergeistigte Hand auf das Haupt des Besuchers und sprach: „Mein Kind, begib dich auf den Marktplatz und sieh dich um; kehr´ dann zu mir zurück, um mir zu erzählen, was du gesehen hast." So ging der Mann zur Stadt zurück, sah sich die Menschenmenge an und kam ganz verwundert wieder zurück. Er war über die Maßen erstaunt. „Jedes Antlitz, das ich sehe, gleicht dem eines Tieres, nicht ein einziges Menschengesicht kann ich in der ganzen Stadt sehen, ausgenommen das Angesicht desjenigen, dem Euer Gruß gegolten hat und das Eurige – nur diese zwei, o Heiliger!"

Damit ist nicht gemeint, dass die Gesichter anders sind, es ist nur gemeint, dass eben die äußeren Formen der menschlichen Erscheinung nicht genügen, um einen Menschen zu stempeln. Wenn wir uns vor ändern Geschöpfen auszeichnen wollen, so können wir das nur durch etwas, das den Tieren nichteigen ist. Der Mensch tut alles, was das Tier tut. Nimmt er nicht Nahrung zu sich wie das Tier? Menschen und Tiere schlafen, Menschen und Tiere suchen die Behaglichkeit. Der Mensch kann nur da bedeutender sein, wo er imstande ist etwas zu tun, das die Tierwelt nicht tun kann. Was zum Beispiel? Etwa Häuser bauen? Das vermögen auch die Vogel zu vollbringen. Durch Kampffertigkeit? Tiere und Vögel kämpfen ebenfalls! Dadurch, dass wir Geschick und Kunstsinn betätigen? Auch Tiere können dies; man denke nur welch wunderbare Netze die Spinne herstellt.

Der Mensch wurde zum Überwinden desjenigen geschaffen, was die Tiere nicht überwunden haben. Was ist dies? Das „Ich". Das „Ich" macht ihn selbstsüchtig, veranlasst ihn, seine Umwelt auszunützen. Das „Ich" ist die eigentliche Ursache aller Störungen, aller Misshelligkeiten, aller Unruhen, aller Leiden, die das Leben mit sich bringt. Der größte Feind ist das Ego, die Selbstsucht, die im Gatten oder in der Gattin, im Sohn und in der Tochter, oder im Freund, im Nachbar, oder im Angestellten hervortritt.

Sieht man, wie die Selbstsucht des Menschen der Welt zur Qual wird, so muss man zugeben, dass es nichts Dringenderes gibt, als das Verständnis dafür, dass keiner besser ist als andere; dass niemand mit Recht denke, er sei besser als der andere, oder sich einbilden darf, der Familie, den Kindern, der Umwelt helfen zu können – es sei denn er habe vorher eines vollbracht, nämlich die Unterwerfung des Ego, die Ausschaltung der Selbstsucht. Bekämpfen wir uns nicht aufs ungerechteste nur aus Eitelkeit! „Was mein ist, daran soll niemand rühren.“ „So ist meine Meinung.“ „Meine Meinung ist die richtige, jede andere ist falsch.“ Gegen diese Gesinnung haben alle Propheten gepredigt.

Aber immer gibt es Menschen, die Glaubens sind, es sei eine große Notwendigkeit, sich selbst zu behaupten und die eigenen Interessen zu wahren.

So verschieden auch die Tiere vom Menschen sind, sie haben doch diesen Zug mit ihm gemein. Wo z. B. von zwei Hunden nur der eine einen Knochen vor sich hat, will er nicht, dass der andere denselben berühre, auch dann nicht, wenn er satt ist und den Knochen nicht braucht. „Dies ist mein Knochen, und mein soll er bleiben!“ Dies hat seine Berechtigung, solange der fremde Hund Angst hat – ist er aber größer, so wird er auf den ersten Hund losgehen und ihm den Knochen gewaltsam entreißen. Das ist ein Bild aus dem Leben.

Die Parallele bei einem wahren Menschen würde uns aber veranlassen zu sagen: „Ja, er war zu gütig! Ich ging um die Mittagszeit zu ihm, und er war so liebenswürdig, mich zum Essen einzuladen.“ Das ist das Festmahl des Menschen; jenes das Festmahl eines Tieres. Solcherweise sollte der Mensch sich vom Tier unterscheiden. Ein Tier wird auch weder Vater noch Mutter noch Geburtsstätte wiedererkennen, wohl aber der Mensch. Wenn dieser einmal erwachsen ist, wird er bedenken: „Meine Mutter hat mich als Kindlein gepflegt und war gar lieb zu mir; nun ist sie alt geworden, und ich werde alles für sie tun, was in meiner Macht steht. Er verweilt beim Gedanken, wie sehr sie der Hochachtung würdig ist, die er ihr entgegenbringt, und er erweist sich dadurch als wahrer Mensch. So handelt das Tier nicht. Das Vergessen und der Mangel an Erkenntlichkeit in Bezug auf die in früheren Jahren genossene Fürsorge ist ein Kennzeichen der Tiernatur. Wenn nun ein Mensch sich wie ein Tier gar nicht um diejenigen kümmert, welche ihm in seiner Kindheit und Jugend ihre Pflege angedeihen ließen, so zeigt er, dass ihm das Menschliche abgeht.

Selbst Engel huldigen dem Christus, und Christus ist der ideale Mensch.

Engel huldigen dem idealen Menschen. Selbst hienieden auf Erden weilend, steht der Mensch hoher denn Engel und Himmel, wenn er wahrhaft Mensch sein kann, wenn er echtes Menschentum aufweist. Das Bibelwort: „Ihr seid das Salz der Erde…" (Matth. 5, 13) erklärt, dass der Mensch die ideale Offenbarung ist, und erhaben über das Mineral-, Pflanzen- und Tierreich, ja sogar höher denn die Engel. Geht nun aber das Gefühl für das Menschliche verloren – wer soll da kommen ihn zu belehren? Ihm steht es an, zu lehren.

Der Mensch ist der Vater der Menschheit. Was soll aus den Kindern werden, wenn der Vater irregeht? Wie viel hängt von der vorhergehenden Generation ab! Auf die Nachkommen sind unsere Bücke stets gerichtet hinsichtlich der Wohlfahrt, des Erfolges, der Zukunft eines Volkes, eines Landes, einer Familie. Die wahre Wohlfahrt, nach der man trachten soll, hat nichts zu tun mit Ansammeln von Geld auf der Bank oder mit Bauen von soundso vielen Häusern oder mit Hochschulbildung. Die Sorge für das Wohlergehen der nach uns Kommenden sollte der Leitgedanke sein. Die Eltern sollten um das Heil ihrer Kinder besorgt sein, noch ehe diese geboren sind. Die Kinder bringen dasjenige auf die Welt, was sie ererben; selten bedenken es die Eltern!

Unsere Ruhe, unser Friede, unsere Harmonie, unsere Neigung zu schönen und guten Handlungen und Dingen machen das Erbgut aus, welches wir für das Kind anlegen können. Die Eltern sollten des psychischen Einflusses gedenken, den sie auf ihre Kinder übertragen können. Als Vater und als Mutter ist euer Einfluss auf die Kinder viel größer als der aller Planeten.

Der Vater denkt dann bei allem was er tut: „Mein Kind soll in meine Fußstapfen gehen." Das ist das Schicksal. Ist es nicht das Schicksal des Volkes, der Nation, der Familie und des Einzelmenschen? Die kommende Generation so ideal gestaltet zu haben als es ihr erwünscht ist, das ist das beste Schicksal.

Das Leben vieler gilt nur dem kommenden Geschlecht, der Hoffnung von morgen. Muss man da nicht einsehen, wie es vor allem darauf ankommt, dass das Leben des Kindes ein besseres werden soll? Zu den Stadtoberhäuptern wird emporgeschaut als zu den Vorbildern nach welchen die junge Welt ihr Leben gestalten soll. Wie können wir uns für solche leitende Stellungen geeignet erweisen? Einer führenden Rolle vermag nur derjenige gerecht zu werden, der sich selbst, statt andere, zu bemeistern gelehrt hat. Welch eine Atmosphäre vermag man mittels seines Charakters zu schaffen! Welche Macht verleiht ein mannhafter Charakter, welche Kraft liegt in der Wahrhaftigkeit! Welche Kraft geht nicht verloren, wenn die beabsichtigte Tat zweifelhafter Art ist! Durchweiche Ängste geht beispielsweise ein Mörder! Er ist selbst halb gerädert, bevor er die Tat ausführt. Es bewirkt der Widerstreit seiner Angst, seines Gewissens, seiner Güte, seines Gerechtigkeitsgefühls und seiner Vernunft – dass er selbst halbtot ist, bevor er den andern tötet. Und nach dem begangenen Mord ist er in einem bedauernswerteren Zustand als sein Opfer. Charakterstärke kommt der Macht eines Heeres gleich! Mit Christus waren himmlische Heerscharen. Mit Mohammed waren ebenfalls himmlische Heerscharen. Dieser trieb schon durch sein bloßes Erscheinen Tausende seiner Feinde in die Flucht. Dieser Schrecken war die Folge von des Propheten Selbstbeherrschung.

Die Persönlichkeit weist diejenigen Eigenschaften auf, welche in den Menschen gesät wurden. Es ist eitel zu behaupten, man sei gut und gerecht, ehe man die entsprechenden Eigenschaften betätigt hat und deren Kraft wirklich entfaltet ist. Wie es damit bestellt ist, kann schon die einen umgebende Atmosphäre zu erkennen geben, denn der Mensch ist das Abbild seiner Gedanken. Alles, was er denkt oder zu tun beabsichtigt, verrät sich an seiner Ausstrahlung, an seiner Stimme, an seinen Bewegungen. In allem bringt er zum Ausdruck, wieweit er entwickelt und wiefern er noch unentwickelt ist. Er zeigt sich als das, was er ist.

Jeglicher Gewinn, sei er geistiger, materieller, moralischer oder mystischer Art – entspricht dem Charakter. Haben wir keinerlei Gewinn aufzuweisen, so liegt die Ursache von diesem Mangel in unserem Charakter.

7. Atlantis und die Sintflut
K. Petron

Platon berichtet im „Timäos" und „Kritios", wobei er sich auf Solon und die Jahrbücher der ägyptischen Priester beruft, von einem Inselkontinent, welcher einen großen Teil des jetzigen Atlantischen Ozeans eingenommen haben soll. Diese kolossale Insel soll nicht weit von den Säulen des Herkules (Meerenge von Gibraltar) gelegen haben und größer als Asien gewesen sein.

In Platos Bericht heißt es: „ *Vor der Mündung, welche ihr in eurer Sprache die Säulen des Herkules nennt, gab es eine Insel, welche größer war als Kleinasien und Libyen zusammen, und von ihr konnte man damals nach den übrigen Inseln hinübersetzen und von den Inseln auf das ganze gegenüber liegende Festland. Auf dieser Insel, Atlantis genannt, bestand eine große und bewunderungswürdige Königsherrschaft, welche nicht bloß die ganze Insel, sondern auch viele andere Inseln und Teile des Festlandes unter ihrer Gewalt hatte; Außerdem beherrschte sie ... Libyen bis nach Ägypten und Europa bis nach Tyrranien hin. Späterhin entstanden gewaltige Erdbeben (und so bezeichnete „Überschwemmungen",) und da versank während eines schlimmen Tages und einer schicksalsschweren Nacht die Insel, indem sie im Meere unterging.* "

Nach Angabe genauer, von ägyptischen Priestern geführten Aufzeichnungen, die Solon bei einem Aufenthalt in Ägypten erhalten und später Plato übermittelt hatte, soll diese Katastrophe ungefähr 9000 Jahre vor Solons Zeiten stattgefunden haben.

Plato nannte diesen untergegangenen Erdteil „Poseidones". Von jener großen Katastrophe erzählen auch Homer, Diodor von Sizilien, sowie viele Schriftsteller des Altertums. Die Priester von Sais lehrten dem Solon, dass lange vor der Flut des Deukalion ähnliche große „Überschwemmungen" Asien heimgesucht hätten, und sie versicherten ihn gleichzeitig, dass damals ihr Land von der Flut verschont geblieben sei. Dadurch erklärten sie die Erhaltung ihrer Annalen, die bis in die grabeste Vorzeit reichen. Wenn diese Angaben verglichen werden, dass Diodor von Sizilien die ägyptische Kultur bis auf 18.000 Jahre vor „Menes" zurückführt, also von unserer Zeit an gerechnet auf ungefähr 25.000 Jahre, so lässt sich annehmen, dass Ägypten mindestens zwei solcher Sintfluten erlebt haben muss, wenn solchen verheerenden Katastrophen eine gewisse Periodizität zugrunde liegt. Und die Periodizität der Ereignisse sowohl im makrokosmischen als auch mikrokosmischen Leben zeigt sich jedem, der die Welt, und ihre Gesetze ohne orthodox wissenschaftliche Voreingenommenheit betrachtet.

Die wissenschaftliche Vereinigung „Kosmos" in Dresden hat seinerzeit im Verlage L. C. Engel eine von einem französischen Original deutsch von „Philotheus" bearbeitete Broschüre veröffentlicht, die den Titel „Kehrt die Sündflut wieder", führt. Diese astronomisch-geologische Studie will den Nachweis liefern, dass auf Grund wissenschaftlich festgestellter astronomischer Gesetze eine periodische Wiederkehr solcher länderverschlingende Schicksale bestehe, von welchen die Sagen aller Kulturvölker des Altertums zu erzählen wissen.

Der Spiegel des indischen Ozeans deckt ebenfalls einen versunkenen Kontinent, „Lemurien" genannt, welcher sich im Süden des jetzigen Asiens einerseits und östlich bis nach Hinterindien und den Sundainseln, andererseits westlich bis nach Madagaskar und dem südöstlichen Afrika erstreckt haben soll. Viele Tatsachen der Tier- und Pflanzenwelt sprechen für dessen einstige Existenz.

Die vorerwähnte Schrift, dessen französischer Verfasser ungenannt ist, zeigt, dass wir in nicht allzu ferner Zeit eine Wiederkehr eines solchen Naturereignisses zu gewärtigen haben. Er gibt uns noch eine Frist von ungefähr 1300 Jahren – eine verhältnismäßig kurze Spanne Zeit noch, wie er sagt, nicht länger als die paar Jahrhunderte, die unsere Zeit von den Tagen Karls des Großen trennen und die Gewässer der Tiefe werden wieder ihren tausendjährigen Tribut von der Menschheit fordern! Dann soll ein größer Teil von Europa mit all seinen Bewohnern, mit all unserer so hoch gepriesenen Kultur und Zivilisation ebenso plötzlich und spurlos in den Abgrund des Meeres versinken, als dies vor Jahrtausende mit den untergegangenen Weltteilen „Atlantis" und „Lemuria" geschehen ist. – So berichten es die Okkultisten. Aber in Wahrheit dauert diese Katastrophe noch Millionen von Jahren.

Da nun ein Teil der wissenschaftlichen Welt heute noch die Existenz dieser Weltteile anzweifelt, Atlantis sogar nur für fabelhaft ansieht, so wollen wir uns vorerst die Beweise betrachten, und dann erst dem Leser die sehr bemerkenswerte Theorie der Periodizität solcher Erdumwälzungen vor Augen führen.

Die wissenschaftliche Welt spaltet sich in ihren Ansichten bezüglich der beiden untergegangenen Erdteile. Atlantis betreffend hat man in neuerer Zeit paläontologische Verhältnisse zur Erklärung der tatsächlichen Existenz

dieses Erdteiles herangezogen. So wiesen „Unger" und „Heer" darauf hin, dass die große Anzahl von amerikanischen Pflanzentypen in der Miozänflora der Schweiz darauf schließen lässt, dass der jetzige Atlantische Ozean früher festes Land gewesen sein muss, über welches hin die miozänen Pflanzen sich verbreitet haben. Dagegen haben „Ase Grey" und „Oliver" angenommen, dass die betreffenden Pflanzen auf dem viel längeren Wege quer durch Amerika, und ganz Asien nach Europa gekommen seien. Und schließlich holte man Erklärungen aus früheren Jahrhunderten hervor, um Atlantis als eine Sage zu stempeln. Man stützte sich auf die 1685 erschienene Abhandlung von Bircherod: „De orbe novo non novo", nach welcher phönizische und karthagische Handelsschiffe, durch Stürme und Strömungen verschlagen, an die amerikanische Küste gelangt seien und glücklich wieder heimgekehrt wären. Also haben Phönizier und Karthager Amerika entdeckt? Merkwürdig ist es jedenfalls, dass sie dann nicht versucht haben, einen regelrechten Verkehr mit der neuen Welt anzubahnen? Und außerdem, die wenigen Handelsschiffe, denen dieses Unternehmen geglückt sein soll, konnten keineswegs die ganze in Frage stehende Flora mit in die alte Welt gebracht haben!
Aber schon durch die Tiefseeforschungen wird nachgewiesen, dass der Boden des Atlantischen Ozeans einst ein ausgedehnter Erdteil gewesen sein muss. Deutsche, englische und amerikanische Schiffe haben durch Messungen und entsprechende Untersuchungen einen Höhenzug im Atlantischen Ozean festgestellt, der sich von den Küsten der britischen Inseln südlich bis zur Küste Südamerikas erstreckt, von da südostwärts abfällt bis zur afrikanischen Küste und von dort bis zur Insel Tristan d´Acunha geht. Diese Insel, wie auch die Azoren, St. Paul, England usw. sind die höchsten Teile dieses Höhenzuges. Derselbe hat durch diese Forschungen eine Zerklüftung gezeigt und ist derart mit vulkanischen Trümmern übersät, dass die Annahme gerechtfertigt erscheint, dass eine solche vulkanische Umwälzung – durch Herausreißen eines gesamten Kontinentes – nur oberirdisch entstehen konnte.
Eine so furchtbare Katastrophe muss natürlich auch die umliegenden Erdteile und Völker in Mitleidenschaft gezogen haben. Erdbeben und Umwälzungen der Erdoberfläche gingen, nach Platos Erzählung, die durch die obenerwähnten Tiefseeforschungen erhärtet wird, der ungeheuren Wasserflut voran. Da Atlantis im Meere lag, so muss durch dessen Zerstörung eine so große Flutwelle entstanden sein, dass die Küsten der benachbarten Länder weit überschwemmt wurden. Daher stammt wohl die

sich bei allen Völkern vorfindende Sintflutsage, auf welchen Umstand wir noch zu sprechen kommen.

Ein zwingender Beweis, dass Europa einstmals mit Amerika und auch mit Afrika durch Land verbunden gewesen ist, kann auch in dem Vorkommen gleicher Tier- und Pflanzengattungen gesehen werden.

Die Banane z. B. stammt von Asien und Afrika. Sie wächst aber auch in Amerika. Wie kam sie dort hin? Die Banane ist eine samenlose und knollenlose Pflanze. Es käme also nur der Transport der Pflanze in Frage, denn sie ist auch nicht durch Pfropfung fortzupflanzen. Ein Transport dieser empfindlichen Pflanze über das große Meer kann den alten Völkern keinesfalls zugemutet werden. Die einzige Erklärung ist hier nur in einer Verbindung dieser Erdteile durch Land zu suchen. Und außerdem ist zu bedenken, dass es einer langen Züchtung bedarf, bis eine Pflanze samenlos wird. Wo ist das Volk, das die Bananen so lange züchtete, bis sie samenlos wurde, als sie ihren Weg nach Amerika fand?

Bezüglich des Vorkommens gleicher Pflanzen- und Tiergattungen in der alten und in der neuen Welt sei auf die wissenschaftliche Annahme verwiesen, dass jede Art einst nur an einer Stelle der Erde entstanden sein kann, von wo aus sie sich verbreitet hat. Das Pferd z. B. soll seinen Entstehungsort im nördlichen Amerika haben, der des Kamels aber sei Asien und Südafrika. Trotzdem wurden fossile Überreste des Tieres in der alten und in der neuen Welt gefunden. Ist man da nicht berechtigt, als Brücke zwischen beiden Welten, über welche die Verbreitung dieser Tier- und Pflanzenarten stattgefunden haben mag, den in die Tiefe des Atlantischen Ozeans versunkenen Erdteil „Atlantis" anzunehmen?

Aber noch weitere erstaunliche Umstände zeugen für die Tatsächlichkeit, dass dieser Erdteil wirklich bestanden hat.

Dass einst ein reger Verkehr zwischen der alten und der neuen Welt bestanden hat, lässt sich auch aus der Übereinstimmung gewisser religiöser Zeremonien erkennen.

Die Ureinwohner von Amerika kannten das Kreuz als ein heiliges Symbol – auch bei den Indern und Ägyptern war das Kreuz heilig.

Die Bundeslade der Israeliten entspricht dem Gebrauche der alten Mexikaner, die eine Lade verehrten, welche vom Volke nicht berührt werden durfte und die sie sich als den allgegenwärtigen Aufenthalt der Gottheit dachten.

Die Gestirnanbetung finden wir bei den Völkern der alten wie der neuen Welt, ebenfalls den Gebrauch des Einbalsamierens ihrer Toten, denn sie glaubten da wie dort an ein persönliches Weiterleben nach dem Tode.

Als die Spanier nach Amerika kamen, waren sie erstaunt, auch dort die Zeremonie der Taufe vorzufinden. In Mexiko und Peru war die Taufe bereits eine Religionshandlung zur Reinigung von der Sünde und wurde mit Wasserbesprengung, Gebeten und dem Zeichen des Kreuzes vollzogen. Wir finden aber auch bei den alten Ägyptern und Babyloniern die Taufe bei der Einweihung in die Mysterien in Anwendung.

Den Gipfel der Übereinstimmung religiöser Handlungen bietet aber das „Abendmahl". Eine ähnliche Zeremonie, bei der ein Gebäck genossen wird, welches den Leib Gottes darstellt und ein Kreuz trägt, hatten die Bewohner von Zentralamerika, Mexiko und Peru, aber auch die alten Ägypter.

Es besteht aber auch eine Verwandtschaft der Sprachen und Schriften zwischen diesen, heute getrennten Welten.

Die Sprache der Maya, eines amerikanischen Volkes, ist beinahe bis zu einem Drittel das reinste Griechisch. Ihr Alphabet zeigt bei 13 Buchstaben eine nicht abzuleugnende Verwandtschaft mit den hieroglyphischen Zeichen derselben Buchstaben in Ägypten.

Die Worte, die im Griechischen Gott benennen, also „Theos" und „Zeus", finden sich in gleicher Bedeutung im Mexikanischen als „Teo" und „Zeo", im Lateinischen als „Deus" und „Jupiter", im indischen Sanskrit als „Dyans" und „ Dyanspitar".

Auffallend ist ferner, dass die Sprache des baskischen Volksstammes in Spanien nur Übereinstimmungen mit amerikanischen Sprachen aufweist.

Professor Max Müller weist darauf hin, dass die alten Mexikaner ganz übereinstimmend mit den Indern eine Mondfinsternis so darstellten, als ob der Mond durch einen Drachen verschlungen würde. H. P. Blavatsky macht auf die Gleichheiten zwischen östlichen und westlichen Mythen aufmerksam, indem sie die vollkommene Identität des Charakters der Zarewna Militrissa, mit einem Mond auf ihrer Stirn, die in beständiger Gefahr ist, von Zmey Goronetsch (der Schlange oder dem Drachen) verzehrt zu werden, mit ähnlichen Charakteren in den mexikanischen Legenden feststellt.

In dem ersten Bande ihres großartigen Werkes „Die entschleierte Isis" erzählt die berühmte Theosophin: Ein berühmter Toltekenkönig, dessen Name mit den unheimlichen Legenden von Utetlen, der verfallenen Hauptstadt des ehemaligen großen indianischen Königreiches, vermengt ist, trug die biblische Benennung Balem Acan; der erste Name ist entschieden chaldäischen Ursprungs und erinnert sofort an Balaam und dessen sprechenden Esel. Nicht nur, dass Lord Kingsborough eine so strenge Ähnlichkeit zwischen der Sprache der Azteken (der Muttersprache) und der Hebräer nachwies, sondern viele der Gestalten auf dem Basreliefs von Palenque und Götzenbilder in terra cotta, die in Santa Cruz del Quiche ausgegraben wurden, haben um die Köpfe Bänder mit darangebrachten würfelförmigen Auswüchsen vorn auf der Stirne, ganz ähnlich den Philacterien, die die alten hebräischen Pharisäer zur Zeit des Gebetes und die auch noch heute von Andächtigen getragen werden, so besonders von den Juden Russlands und Polens.

Nachdem das Zeugnis der Alten durch neuzeitliche Entdeckungen bestätigt wurde, wissen wir, dass es in Ägypten und Chaldäa zahlreiche Katakomben gab, einige davon von ungeheurer Ausdehnung. Die berühmtesten waren die unterirdischen Krypten von Theben und Memphis. Die von Theben begannen an der Westseite des Nils und dehnten sich gegen die lybische Wüste hin aus. Sie waren bekannt als die Schlangenkatakomben oder -Gänge. Hier war der Ort, wo die heiligen Mysterien des „Kuklos anagkes", des „unvermeidlichen Zyklus", genannt der „Kreis der Notwendigkeit", stattfanden. Sie stellten das unerbittliche Schicksal, das jeder Seele nach dem körperlichen Tode, und wenn sie in die amenthische Region verurteilt worden war, auferlegt wird. „De Bourbourg" lässt in seinem Buche „Wotan" den mexikanischen Halbgott beim Erzählen seines Auszuges einen unterirdischen Durchgang beschreiben, der unter dem Boden dahinging und die Wurzel des Himmels erreichte. Dieser Höhlengang, sagt der Halbgott, war ein Schlangenloch, „un ahngero de colubra"; und er ward durchgelassen, weil er selbst „ein Sohn der Schlangen", also eine Schlange war. Seine Beschreibung der Schlangenhöhle ist aber nichts anderes als die der früher erwähnten alten ägyptischen Höhle. Überdies nannten sich die Hierophanten Ägyptens sowohl als Babylons allgemein „Söhne des Schlangengottes" oder „Söhne des Drachen", weil in den Mysterien die Schlange als Symbol der Weisheit und Unsterblichkeit galt."

Was nun die vorgeschichtliche Baukunst anbelangt, so finden wir abermals eine Brücke zwischen den alten östlichen und westlichen Welten. Die Ägypter hatten ihre Pyramiden und wir finden dieselben auch in Amerika. Man denke auch an die großartigen Hindu-Ruinen von Ellora im Dekan, die mexikanischen Chichen-Itza in Yukatan und den noch größeren Ruinen von Copan in Guatemala, die durchaus ähnliche Züge bieten.

Es ließen sich noch sehr viel Umstände anführen, die alle zu der Annahme drängen, dass die alten Völker der östlichen und westlichen Welt eine

Verbindung hatten in Gestalt eines großen Erdteiles, der heute von dem Atlantischen Ozean verdeckt wird.

Obwohl es für die eigentliche Absicht unserer heutigen Arbeit weniger wichtig ist, ob die Bewohner des verschwundenen Erdteiles „Atlantis" ihre kulturellen Errungenschaften zwischen den anderen Völkern östlich und westlich nur vermittelten oder ob sie die Schöpfer dieser Kultur waren, so sei es doch gestattet, diese Frage ein wenig zu streifen.

Es ist selbstverständlich, dass die Vermittler der Kultur diese auch selbst besessen haben müssen. Wir sind aber, da die Sagen der amerikanischen Völker durchwegs auf eine große Insel im Meere östlich von ihnen als Ausgangsstelle der Völker und ihrer Kultur verweisen, gezwungen anzunehmen, dass die Atlantier die Begründer der damaligen Kultur gewesen sind. Es ist ferner zur Stützung dieser Annahme zu beachten, dass uns z. B. die Ägypter ohne jede Kindheitsstufe in der Kultur entgegentraten, **sie erscheinen in der Geschichte als ein fertiges Volk**, das keine aufsteigende Entwicklung, eher ein Herabgleiten zeigt. Woher kamen sie mit ihrer Kultur, die entschieden nach dem Westen deutet, da die Pyramiden in Ägypten und Amerika, die Schrift- und Sprachenverwandtschaft der beiden Völker solche Übereinstimmungen zeigen? Doch nur als Kolonisten, von Atlantis, und die große Insel Atlantis selbst war das gemeinsame, die Verbindung aller östlichen und westlichen Völker aufrechterhaltende Mutterland.

Nach Platos Erzählung und mehr nach neueren Forschungen müssen wir auf eine hochentwickelte Kultur schließen, die besonders in Atlantis selbst zum Ausdruck kam. Viele unserer modernen Erfindungen, die unsere Zeit so stolz machen, sind eigentlich nur Nach-Entdeckungen. Lenkbare Luftschiffe z. B. sollen auch die Atlantier schon besessen haben und diese durch eine Kraft betrieben haben, die dem Wesen der Elektrizität entspricht. Die damalige Kenntnis der Elektrizität und ihrer Verwendung ist durchaus nicht unwahrscheinlich, denn man hat in alten ägyptischen Tempeln Kupferdrahtleitungen gefunden, die nur der Leitung elektrischer Ströme dienen konnten. Und Moses Bundeslade soll ja auch nach verschiedenen Gelehrten eine großartig angelegte elektrische Batterie (= magisches Volt. Der Hrsg.) gewesen sein, die sich beständig aus der Luftelektrizität selber geladen hat.

Die Atlantier müssen bereits einen hochentwickelten Landbau gehabt haben, denn sie waren es, die die Banane, den Weinstock und den Weizen gezüchtet haben. Ebenso verhält es sich mit der Viehzucht. Die Züchtung unserer Haustiere – vom Truthahn abgesehen – soll auf die Atlantier zurückzuführen sein. Nach Platos Berichten sollen sie ferner ganz vortreffliche Schifffahrtseinrichtungen besessen haben, und den Seefahrern standen gewiss gute astronomische Kenntnisse zur Verfügung, denn der Sternendienst der Ägypter und der alten amerikanischen Völker stammt höchstwahrscheinlich von den Atlantiern.

Auch stand die Baukunst der Atlantier in einer großartigen Entwicklung. Die Pyramiden und ähnliche Kolossalbauten in Ägypten und Amerika, die in schwindelnder Höhe Steine von 6 Fuß Dicke, 18 Fuß Breite und 38 Fuß Länge aufweisen, sind unmittelbare Zeugen atlantischer Tüchtigkeit auf diesem Gebiete. Trotz unserer ausgebildeten Technik haben wir heute für diese Bauten noch eine großartige Bewunderung, denn wir haben sie noch nicht erreicht, geschweige denn übertroffen.

Schulwesen, Wissenschaften und verschiedene Zweige der Kunst sollen auch nach Plato's Berichten eine hervorragende, stellenweise sogar vorbildliche Entwicklungsstufe erreicht haben. Ja, sogar die Kunst Gold zu machen, wird den Atlantiern zugeschrieben. Es ist durchaus nicht angebracht, diese Annahme sofort als Phantasterei zu erklären. Geht unsere moderne Wissenschaft nicht den gleichen Weg? Wird nicht schon gelehrt, dass die Elemente nicht beständiger Art sind, sondern nur aus Elektronen und Ätheratomen gebildet erscheinen? Unsere moderne Wissenschaft wird uns bestimmt eines Tages mit der Entdeckung überraschen, dass es ihr gelungen ist, die Elemente zu zerlegen und willkürlich zu verändern. Es gibt heute schon ernste Männer der Wissenschaft, die die Möglichkeit, Elemente umzuwandeln und somit aus unedlen Metallen edle zu erzeugen, nicht mehr in Abrede stellen.

Der Afrikaforscher Leo Frobenius hat bekanntlich in Nordwestafrika interessante Ausgrabungen gemacht, die im Oktober 1812 in Berlin ausgestellt waren. Es sind u. a. wertvolle Terrakotten und Bronzefunde der Skulpturen ausgestellt gewesen, die mindestens ein halbes Jahrtausend vor Christus zurückreichen. Sie sind so prachtvoll und so vollendet schön, dass man keinen Augenblick darüber im Zweifel sein kann, dass nur künstlerisch gebildete Menschen und nicht Schwarze die Schöpfer gewesen sein mussten. Die westlichen Küstenstriche Afrikas bei Benin ergaben die reichsten Funde. Es sind also, wie Frobenius selbst annimmt, die Beweise für ein altes Kulturland in Nordwestafrika erbracht. Allerdings will der Forscher „Atlantis" in diesen nordwestafrikanischen Gegenden gefunden haben. Diese Annahme erscheint aber entgegen den anderen Berichten und untrüglichen Anzeichen als ein Irrtum des Forschers, vielmehr kann man diese Kultur als beeinflusst durch die kolonistische Tätigkeit der nördlicher gelegenen „Atlantis" ansehen.

Die genannte Forschungsexpedition hatte auch ein Wahrsagespiel der „Joruba", ein „Wahrsagebrett", ausgestellt, welches einem ganz gleichen Spiel mit gleichen Vorschriften entspricht, das den alten Mexikanern und Indern bekannt war. Diese Gleichartigkeit einer Idee und ihrer Ausführung in Nordwestafrika, Mexiko und Indien weist doch auf eine Verbindung dieser drei Erdteile; und der Schluss auf ein, ihnen gemeinsames Zentrum, also auf das „versunkene Atlantis", erscheint abermals gerechtfertigt.

Die geologische Wahrscheinlichkeit von Atlantis betont übrigens auch Professor Wilckens in Straßburg. Es ist nachgewiesen, dass die östliche Mulde des Atlantischen Ozeans eine wenig stabile Zone der Erdkruste ist, in der in geologisch jüngster Zeit große Versenkungen eingetreten sein müssen. 900 Kilometer nördlich von den Azoren, zwischen diesen und Island, bildet ein jungvulkanisches Gebirge, das nach den Grundproben über Wasser entstanden sein muss, den Meeresboden. Aus dem Aufbau der Kanarischen Inseln und der Kapverden geht hervor, dass in der tertiären Zeit die Beschaffenheit des Gebietes westlich der Säulen des Herkules stark wechselte.

Germain nimmt auch aus faunistischen Gründen einen atlantischen Kontinent an, der mit der iberischen Halbinsel und den Atlasländern zusammenhing.

Der Leser wird aus diesen Ausführungen wohl die Überzeugung gewonnen haben, dass Plato's Bericht nicht als bloße Fabel anzusehen ist: „Atlantis hat bestanden und wurde mit seiner hohen Kultur von den Wellen verschlungen."

Hören wir nun, was darüber Geologen sagen, die keine Kenntnis von unserer atlantischen Theorie hatten, und deren Zeugnis daher als ein völlig unparteiisches angesehen werden darf. Der Geologe Bendant, indem er von der Erhebung der Alpen spricht, drückt sich wie folgt aus:

„Die Wirkungen, welche jene Erhebung hervorbrachten, lehren uns, dass zu jener Zeit ungeheure Wasserströme in jeder Richtung aufgetreten sein müssen, welche das damalige Festland Europas zerklüftet und ausgespült haben. Die Wassermassen der zu jener Periode bereits bestehenden Seen, deren Dämme durch die Katastrophe jedenfalls zerstört wurden, reichen nicht aus, um so gewaltige Wirkungen zu erklären. Es muss daher die Menge der Gewässer damals durch irgendwelche, uns bis jetzt unbekannt

gebliebene Ursachen ganz bedeutend verstärkt worden sein – sei es durch ein plötzliches Schmelzen ungeheurer, auf den westlichen Alpen aufgespeicherten Schneemassen, oder durch lange andauernde, heftige Regengüsse, oder aber durch gewaltige Schwankungen der Meere. Tatsache ist es jedenfalls, dass die wilden Fluten der Ströme, welche sich zu jener Zeit bildeten, die Oberfläche zerrissen und zerklüfteten und dessen mitgeführte Trümmer nach allen Richtungen hin zerstreuten. Sie waren es, welche jene ungeheuren Alluviealablagerungen bedingten, deren Existenz wir heute in dem Tale der Rhone, in der Grau, den Tälern der Lombardei, Bayerns, des Rheines usw. konstatieren können. "

Die Tiefe, bis zu welcher an einzelnen Stellen der Boden aufgerissen wurde, legt ein beredtes Zeugnis für die elementare Gewalt ab, mit welcher jene Wassermassen sich ihren Weg ebneten. So sind z. B. die Felsen im Departement Nievre bis zu einer Tiefe von 600 Metern bloßgelegt, während die Auswaschungen eine Tiefe von ca. 400 Meter im Departement Cher, von 3-400 Metern in der Umgebung von Lyon und von 560 Metern bei der Stadt Maeon erreichen.

Der Geologe Alcide d´Orbigny entwirft ein packendes Bild der Zerstörungen, welche jene plötzlich hereinbrechenden Wassermassen hervorgerufen haben müssen. Er sagt: *„Es ist unmöglich, irgendeinen Teil Frankreichs zu durchwandern, ohne auf die unzweideutigen Spuren ungeheurer, mit elementarer Gewalt einherrasenden Wassermassen zu stoßen, welche in gar keiner Weise auf bekannte Ursachen zurückzuführen sind. In der Umgegend von Paris, dem Bois de Boulogine, am Point du Jour, bei Neuilly usw. findet man mächtige Alluvialablagerungen, welche im genauen Verhältnis stehen müssen zu mehreren aufeinanderfolgenden geologischen Umwälzungen. In der Tat findet man in jenen Ablagerungen neben den Trümmern vulkanischer Gesteine (Granit und Phorphyr) aus den Vogesen oder dem zentralen Plateau Frankreichs herrührend, zugleich Überreste neptunischer Felsarten aus der Kreideformation, sowie sämtlicher Tertiärgebilde dieses Bassins. Daher kann es keinem Zweifel unterliegen, dass sich die Grenzen der Flut, welche diese Felstrümmer angeschwemmt hat, von den Vogesen oder den Zentralgebirgen Frankreichs bis nach Paris erstreckten, und dass die Kraft der Strömung hinreichend groß war, um selbst mächtige Felsblöcke auf weite Entfernungen mit sich zu führen. Was ist in der Tat aus jenen Schichten geworden, die einst den Mont Javoult, den Mont Meillen, Montmorency, Montmatre und den Mont Valerien mit einander verbanden und ein großes*

Ganzes mit Clamart und Sevres bildeten? Beinahe spurlos hat sie das empörte Element weggerissen und nur Fetzen davon sind übrig geblieben. Sowohl die Auswaschungen und Erweiterungen unserer Täler als auch die Zerklüftung und die Zerstückelung der tertiären, marinen Ablagerungen, die sich einst unter einem mächtigen, weite Flächen bedeckenden Meere gebildet haben müssen, sprechen dafür, dass dieses Meer plötzlich abgeflossen sein muss. Ihre Trümmer befinden sich im „Drift" des amerikanischen Kontinents und in allen Sedimentgesteinen, welche fast allerorts die Oberfläche der Erde bedecken. Mit einem Worte, man kann die Erdauswaschungen und das Wegschwemmen der sedimentären Schichten über die ganze Erde verfolgen, und ebenso verbreitet müssen daher auch die Strömungen gewesen sein, welche sie einst hervorgebracht haben."

Aus dem Umstände, dass die größte Masse der Gewässer augenblicklich auf der südlichen Hemisphäre angehäuft ist, lässt sich schließen, dass die letzte große Flut von Norden nach Süden erfolgte. Indem sie sich über den jetzigen europäischen Kontinent ergoss, ließ sie jene unzähligen Seen zurück, welche der südlichen Halbkugel fast gänzlich fehlen.

Durchstreifen wir den Norden Europas, so erkennen wir überall die Spuren einer furchtbaren Katastrophe, welchen die Geologen den Namen des „nördlichen Diluviums" gegeben haben. Es sind dies jene riesigen, den Gebirgen Schwedens und Finnlands entrissenen Felstrümmer, die in ungeheurer Anzahl den Boden Deutschlands, Polens und Russlands bedecken und sich zugleich in Italien und im nördlichen Amerika wiederfinden. Diese Ablagerungen von erratischen Blöcken haben oft die Form von Hügeln, die sich von Norden nach Süden erstrecken. Überall, selbst bis tief in die Pyrenäen hinein, findet man, soweit sich der Bereich des Diluviums erstreckt, auf der Oberfläche der Felsen eine große Menge von Ritzen und Vertiefungen, welche durch die von den Fluten mitgerissenen und an jenen Felsen mit furchtbarer Gewalt vorübergerollten Trümmer hervorgebracht sind, und deren Richtung im Allgemeinen stets von Norden nach Süden läuft. Der Geologe d´Archian sagt: *„Es ist jedenfalls eine auffallende Tatsache, dass wir die soeben beschriebenen Erscheinungen auch auf der südlichen Halbkugel unseres Planeten wiederfinden, und zwar in ziemlich denselben Grenzen eingeschlossen; es gibt auch ein südliches Diluvium! Daraus folgt, dass die Bildung des europäischen Diluviums keine vereinzelt dastehende Erscheinung ist, sondern ein periodisch alternierendes Phänomen, das beiden Polen der*

Um das nördliche Diluvium zu erklären, nimmt der Geologe Durocher eine „große Wasserflut" an, die – vom Nordpolarmeere kommend und daher wahrscheinlich mit Eismassen untermischt – ganz Nordeuropa von Grönland bis zum Ural überschwemmt habe. Der Strom floss von Norden nach Süden, indem er auf seinem unheilvollen Wege die skandinavische Halbinsel und Finnland verwüstete und sich dann über Deutschland, Polen und Russland ergoss.

Welch furchtbare Dramen mögen sich einst inmitten der erbarmungslos daherrollenden Fluten entfesselter Ozeane abgespielt haben? Welch wahnsinniges Flüchten, welch verzweifeltes Ringen mit dem wütenden Elemente, das schonungslos über Trümmer und Leichen den Weg zu seinem neuen Bette bahnte? Die Überreste versunkener Wälder, die kahlen Gerippe erloschener Tiergeschlechter, welche der Hammer des Geologen hier und da bloßlegt, sie sind die stummen Zeugen jener Schreckenstage. Im plastischen Tone des Pariser Beckens finden wir bunt durcheinander geworfen die Trümmer zerschmetterter Wälder mit Knochenüberresten von Schildkröten, Krokodilen, Coryphodons, Gastornis und wie sie alle heißen mögen, jene heute leblosen Zeugen einer untergegangenen üppigen Schöpfung. Die großen miozänen Seen der iberischen Halbinsel verdanken ihr Dasein dem Abflüsse der nördlichen Meere nach Süden, wobei die Hochtäler mit Wasser gefüllt und nach dem Abfluss der Gewässer in hoch über dem gegenwärtigen Meeresspiegel gelegene Seen verwandelt wurden. Eine solche Flutwelle muss es gewesen sein, die sich einst über das Tiefland Großbritanniens, die normanischen Inseln, die Bretagne, die Vendee und über das Plateau der Auvergne ergoss, alles mit sich fortreißend und vernichtend, was sie auf ihrem Wege antraf. Die Leichen der ertränkten Tiere wurden von den empörten Fluten bis in die Ausläufer der Täler der nördlichen Pyrenäen gerollt, die sich trichterförmig nach Norden hin öffnen. Dies ist der Ursprung der Ablagerung von Sausan.

Andere wiederum wurden in den gleichfalls nach Norden hin offenen Golf geschwemmt, welcher zu jener Zeit tief in das Plateau der Auvergne einschnitt; wir finden ihre Gerippe bei Issoire, und die bewunderungs- würdigen Arbeiten Lartets haben uns jene untergegangene Fauna näher kennen gelehrt.

Doch sind alle diese Katastrophen noch nichts im Vergleiche zu jener, welche zweifellos die Bildung des Campinischen Meeres begleitete. Während der Jahrhunderte langen Periode ungestörter Kühe, die jener

Katastrophe vorausging, bedeckte eine mächtige, riesige Tierwelt das Festland der nördlichen Halbkugel und Südamerikas! Noch finden wir keine Spuren des Menschen, aber die Mammiferen, auf der höchsten Stufe ihrer Entwicklung angelangt, haben die gigantischen Saurier der sekundären Epochen verdrängt. Unsere Gegenden sind belebt durch Herden von Riesenelefanten, Mastodonten, Rhinozerossen, Hippopoternen und Dinotheriums.

Daneben tummeln sich Scharen von Affen, von Hyänen, von Ungetümen Tatouas und deren grimmigem Feinde usw. Der amerikanische Kontinent dagegen ist bewohnt von der seltsamen Familie der Megiatheriden, sowie von Ungetümen Tatouas und deren grimmigem Feinde, dem Tiger, mit neun Zoll langen, dolchartig geschärften Fangzähnen. In Indien wiederum finden wir zu jener Zeit das viergehörnte Sivatherium und Schildkröten riesiger Art; während auf den Hochländern Zentralasiens riesige Herden langbehaarter Elefanten friedlich neben dem Rhinozerosse des Nordens einherziehen.

Es ist nun jene reiche, üppige Tierwelt, die durch eine furchtbare, von Süden sich heranwälzende Flutwelle vernichtet wurde. Ihre Überreste finden wir heute in großer Anzahl in den Apenninen, in den Tälern der Lombardei, in Griechenland bei Pikermi, sowie an dem Siwalikgebirge Asiens. Alle jene Lagerstätten bestätigen durchaus unsere Theorie. Die Kette der Apenninen weicht nördlich von Florenz nach Westen aus und umschließt das obere Arnotal. Eine gewaltige Flutwelle, aus Süden kommend und über die Sahara sich ergießend, stürzte sich zwischen den Atlas und Sardinien links und Sizilien rechts, und indem sie über Italien sich hinwälzte, schwemmte sie Trümmer und Leichen nach dem Norden. Im Arnotale stoßen letztere auf das unbezwingbare Hindernis der Apenninen und häuften sich an diesem Riesengraben an. Eine zweite Flutwelle, zwischen Italien und Dalmatien dahinrollend, schwemmte die Leichen in die Po-Ebene, wo sie, an weiterer Wanderung durch die Alpen gehindert, die Lombardei bedeckten. Auch in Griechenland, bei Pikermi, finden wir ähnliche Verhältnisse. In Asien dagegen wälzten sich die Fluten, die sich über die weiten Ebenen Indiens ergossen, die Leichen ihrer Opfer gegen die Höhen von Siwalik, welche die südlichen Ausläufer der Himalayakette bilden. Tatsächlich hat man nördlich jener Gebirgskette keinerlei Anhäufungen von Tierüberresten gefunden.

Die Elefanten und die Rhinozerosse Zentralasiens ihrerseits wurden bis in das nördliche Eismeer geschwemmt, und ihre Überreste bedecken heute die eisigen Steppen Sibiriens. Die Meerenge des Pas des Galais existierte zu jener Zeit noch nicht, sondern war noch ein Isthmus, so dass ein Wandern der Mastodonte, Elefanten, Rhinozerosse, Bisons, Bären usw. nach England stattfinden konnte, deren Reste wir denn auch in den quaternären Ablagerungen jenes Landes finden.

Aber nicht allein die Tierwelt der damaligen Epoche wurde zum größten Teile durch jene Flut vernichtet – auch im Mineralreich finden wir die Spuren derselben. So wurden z. B. die Kiesel der Ardennen nach Norden bis nach Campinien gerollt, und auf fast allen Punkten Europas von Schottland bis zum Kaspischen Meere und tief bis China und Indien finden wir die unverkennbaren Zeichen eines Meeres, dessen Spiegel um mehr denn 200 Meter höher lag, als die Höhe der jetzigen nördlichen Gewässer. Wir haben also, gestützt auf unleugbare Tatsachen der Geologie, die periodische Wiederkehr gewaltiger Überschwemmungen feststellen können, welche, bald von Süden, bald von Norden kommend, Kontinente und Rassen verschlingen und vernichten.

Einer der hervorragendsten französischen Okkultisten sagt, es wären die interessantesten und unerwartetsten Entdeckungen zu machen bei einer genauen Durchforschung einzelner Teile der Sahara, der großen Tartarei und ganz besonders der Überreste des einst weit mächtigeren australischen Kontinentes. Nicht weniger müsste die Erforschung der Inseln Ozeaniens helles Licht auf das Dunkel unserer Vergangenheit werfen, da jene Inselgruppen – obgleich jetzt nur noch von einer rückgeschrittenen wilden Bevölkerung bewohnt – doch noch in architektonischen Überresten die Spuren ihrer einstigen hohen Zivilisation aufweisen müssen. Diese Zivilisation ist weit älter als die letzte große Flut, die den einstigen großen australischen Kontinent verschlang, der damals von jener ursprünglichen roten Rasse bewohnt war, deren verwilderte Nachkommen wir in den im Aussterben begriffenen Indianern Nordamerikas vor uns sehen.

Aber seien wir konsequent! Wenn wir dem Wissen und der Kultur des Altertums die Bedeutung zugestehen, welche alle Eingeweihten denselben beimessen, so müssen wir das Eintreten jener schrecklichen, aber unabwendbaren Kataklysmen ebenso wohl für die Zukunft annehmen, als in der Vergangenheit und zwar so lange, als die astronomischen und physikalischen Bedingungen fortbestehen, als deren Wirkungen wir dieselben erkannt haben.

Die moderne Naturwissenschaft ist absolut unfähig, jene Anhäufung von Skeletten riesenhafter Raubtiere zu erklären, die wir mitten unter den

Überresten pflanzenfressender Geschöpfe antreffen. Ja, es hat ein bekannter Geologe, H. Gandry, sich angesichts jener Tatsache nicht gescheut, die Behauptung aufzustellen, dass der Kampf um das Dasein in jenen Zeiten keine Rolle gespielt haben könne! Welcher Irrtum! Welche Szenen mögen sich im Gegenteil abgespielt haben, als die Masse jener Geschöpfe, in Todesangst vor den sich heranwälzenden Fluten flüchtend, es vergeblich versuchte, die rettenden Höhen zu erreichen, einander überspringend, zerfleischend, zermalmend und erfolglos in den großen Höhlen der Gebirge eine letzte Zufluchtsstätte suchend! Aber mit ihnen zugleich drang gurgelnd und strudelnd das entfesselte Element ein, alles Lebendige in einer grimmen Todesumarmung vernichtend. Das Brüllen der empörten Fluten, das Heulen des Sturmes, das grelle Aufleuchten zuckender Blitze, das ununterbrochene Rollen des Donners, das alles vereinigte sich zu einer grausigen, dämonischen Szene, vor der selbst ein Höllenbreughel (=Maler) in bleichem Entsetzen den Pinsel sinken ließe. Was sind alle lokalen Erdbeben, Vulkanausbrüche und Überschwemmungen unserer Zeit, was die Schreckenstage von Java und Martinique im Vergleich zu jenen Kataklysmen, bei dessen bloßem Gedanken die Phantasie erlahmt und das Blut in den Adern zu Eis erstarrt!?
Bitten wir Gott, dass die nächste große „Welle" eine einigermaßen geläuterte Menschheit vor sich finde, stark genug, um ihr Wissen, ihre Kultur, ihre Zivilisation und das Leben selbst ihrer armseligsten Brüder vor der vernichtenden Welle zu schützen und in Eintracht und Liebe einen neuen Zyklus der Evolution in Ideal- und Universal-Staaten zu beginnen!

8. Licht vom Osten.
Eine Untersuchung der Grundlage, des Wesens und der Geheimnisse der echten Freimaurerei.

„Diese erhabene Wahrheit, o Bikksahu´s, wurde mir von niemanden gelehrt und ich habe sie in keinem Buche gelesen, sondern in mir selbst eröffnete sich das Auge; in mir erwachte die Erkenntnis, in mir offenbarte sich die Wahrheit, in mir erschien das Licht." (Gautama Buddba.)

*

Der Name Freimaurer ist für viele, die seine wahre Bedeutung nicht kennen, ein Schreckgespenst; für diejenigen, welche dieselbe kennen, hat er einen herrlichen Klang, denn niemand kann seine wahre Bedeutung erfassen, ohne selbst in seinem Herzen ein echter Freimaurer zu sein, und niemand kann dies sein, ohne in sich selbst die Hoheit und Größe der Menschenwürde zu fühlen und zu erkennen. Das Wort Freimaurertum bezieht sich auf Freiheit und mauern oder erbauen; die Freiheit, von welcher hier die Rede ist, ist die Freiheit des Geistes von Selbstsucht, Intoleranz und Unwissenheit, die Freiheit von den Beschränkungen, welche Furcht, Eigendünkel und falsche Vorstellungen und Begierden dem Menschengeiste auferlegt haben und welche der niederen materiellen Menschennatur, dem intellektuellen Tiere im Menschen anhängen. Die Erbauung, um welche es sich hier handelt, ist die Erbauung des Tempels der Weisheit und geschieht durch die Offenbarung der Wahrheit. Der Tempel der Weisheit ist der innere Mensch selbst, in welchem die Wahrheit sich offenbart; alle äußeren Offenbarungen und Mitteilungen haben keinen anderen Zweck, als den inneren Menschen zu erwecken und ihn für die Offenbarung der Wahrheit in seinem eigenen Herzen empfänglich zu machen. Keine Beschreibung des Lichtes kann uns das Licht ersetzen; wenn aber im eigenen Herzen das Licht der Wahrheit zu dämmern beginnt, dann beginnt die eigene Erkenntnis, dann ist der Grundstein zum Tempel der Weisheit gelegt.

Diese wahre und echte Freimaurerei wird auch in allen Religionssystemen, welche auf Wahrheit beruhen, gelehrt; ja diese Erbauung, dieses Erwachen des göttlichen Selbstbewusstseins im materiellen Menschen, wodurch der Sohn der Erde ein Sohn des Himmels wird, indem sich das höchste Ideale in ihm verwirklicht, ist der Endzweck und das alleinige Ziel einer jeden wahren Religion. Nehmen wir z. B. die Bibel zur Hand, so finden wir in

50

Korinther I, 16 u. 17 den Ausspruch des Apostels Paulus, welcher sagt: „Wisset ihr nicht, dass ihr Gottes Tempel seid, und dass der Geist Gottes in euch wohnet? So jemand den Tempel Gottes verdirbt, den wird Gott verderben, denn Gottes Tempel ist heilig, und ein solcher seid ihr."

Solche Phrasen bekommen wir auch in der Kirche zu hören, aber wir sind gewohnt zu sehen, wie sie gedankenlos ausgesprochen und gedankenlos vernommen werden. Wie könnte sie auch derjenige begreifen, welcher nicht weiß, dass er ein Tempel Gottes ist, und der das Wesen Gottes (die Wahrheit) in seiner Seele weder fühlt noch erkennt. Deshalb sind die tiefsten religiösen Lehren Geheimnisse und werden trotz aller gelehrten Abhandlungen immer Geheimnisse für denjenigen bleiben, der nicht in sich selbst die Kraft der Erkenntnis besitzt, welche ihm durch den Einfluss des Lichtes von oben mitgeteilt wird.

Nun hat aber jeder Mensch in sich die Fähigkeit zu erkennen. Er hat dieselbe bei seinem Eintritte in die Welt als ein Geburtstagsgeschenk aus der Hand seines Schöpfers – nicht aus der materiellen Natur, sondern aus dem Reiche Gottes (dem Mysterium magnum) – empfangen. Diese Erkenntnisfähigkeit wird aber in vielen erstickt und ihre Entfaltung in den meisten gehindert, teils durch die Ansprüche, welche die niedere Natur des Menschen (Kama-Manas) an den Menschen macht, teils durch die falschen Vorstellungen, welche ihm, besonders in europäischen Schulen und Kirchen, von Gott, Mensch und Natur beigebracht werden. Wenn wir selber die Hindernisse aus dem Wege räumen wollen, welche Gott hindern, sich seinen Tempel in uns zu erbauen, und zu diesem Baue beizutragen wünschen, so müssen wir vor allem die echten Bausteine von den falschen unterscheiden lernen. Zu dieser Erbauung genügt keine Genügsamkeit mit bloß theoretischem Wissen und auch keine religiöse Schwärmerei, keine bloße Betrachtung oder Beschauung des Idealen, Guten und Schönen, als ob es etwas selbstverständlich Unerreichbares und Unerfassbares wäre, sondern es gehört dazu das Gefühl für das Erhabene und Schöne. Wir können dasjenige nicht begreifen, was wir nicht einmal zu fühlen imstande sind. Dieses Gefühl wird dadurch in seiner Entwicklung gehindert, dass man das Niedere für das Höchste hält, sein Herz an Täuschungen fesselt und die ewige Wahrheit nicht beachtet. Aus dieser Liebe zum Sinnlichen und Vergänglichen können uns keine Theorien befreien, wohl aber können wir uns selbst davon frei machen, wenn uns der Weg der Wahrheit von denjenigen gezeigt wird, welche selber darauf fortgeschritten sind. Solche erleuchtete Menschen, in denen das Licht der Wahrheit sich offenbarte, solche große Geister (Maha-Atma) waren die Stifter aller großen Religionssysteme, welche dieselben in ihrer ursprünglichen Reinheit lehrten, und solche Menschen leben auch heute noch, wenn auch dem großen Haufen unbekannt und für die Neugierigen unerreichbar. Diese Weltweisen haben uns durch H. P. Blavatsky die echten Bausteine gezeigt, welche zur Erbauung des Tempels nötig sind; sie haben vor unseren Augen den Schleier zerrissen, welcher wie ein Spinnengewebe die Wahrheit verdeckte, gesponnen durch die Verdrehungen einer falschen Philosophie und verkehrten Theologie; sie haben uns wieder zu jener Weltanschauung geführt, welche die älteste war, welcher die moderne Wissenschaft entgegenstrebt, und welche die endgültige sein und bleiben muss, – nicht weil sie von den Adepten geglaubt wird, sondern weil sie die einzig wahre und richtige und das einzig mögliche Resultat der göttlichen Selbsterkenntnis ist.

Der Mittelpunkt dieser Weltanschauung ist die Einheit des Wesens im ganzen Weltall, welches nur eines ist trotz der Vielheit der unzähligen Formen, unter denen es erscheint. Wie in einem geschliffenen Diamant jede Fläche für sich allein ein Ganzes darstellt, aber in Wirklichkeit doch nur ein scheinbares Dasein hat, eins mit dem Ganzen dem Wesen nach ist und ohne das Ganze nicht existieren könnte, so ist auch jeder einzelne Mensch nur eine vorübergehende Erscheinung in der Menschheit als Ganzes, und die Menschheit ein Ausfluss der Gottheit, des Wesens, der Quelle des Lebens. und Bewusstsein in allem. Wer dieses Ganze und Unteilbare in sich erkennt, oder vielmehr derjenige, in welchem die Gottheit zur Selbsterkenntnis gelangt, der erkennt die Wahrheit in allem und hat die wahre Erkenntnis. Die wahre Erkenntnis ist die Selbsterkenntnis der Wahrheit und da es nur eine einzige ewige Wahrheit gibt, so kann die wahre Erkenntnis des einen Menschen nicht von der wahren Erkenntnis eines andern verschieden sein. Diese Selbsterkenntnis der Wahrheit bildet die Grundlage aller Religionen, aller Weisheit und alles echten Freimaurertums. Sie ist der Grundstein des lebendigen Tempels der Weisheit, der Fels, auf dem die wahre Kirche steht, der Stein, auf dem die Philosophie beruht, und ohne welche die Wissenschaft ein Traum, die Moralität eine Chimäre ist.

Jeder Freimaurer weiß, dass das Freimaurertum dem Osten entstammt, aber nicht jeder kennt die tiefe Bedeutung des Ostens, und nicht jeder hat den freien Blick, um über die engen Schranken, welche eine moderne Auffassung der Bibelallegorien gezogen hat, hinwegzusehen. Wohl geht im

Osten scheinbar die Sonne auf, aber dieser Osten ist überall, denn wenn sie bei uns im Westen untergeht, so sind wir im Osten von denjenigen, die noch weiter westlich wohnen. Wohl stand im Osten, d. h. in Asien, die Wiege des Menschengeschlechts, welches heute die Erde bevölkert; aber dieser Umstand hat heutzutage für uns keinen besonderen Wert; er gehört der Vergangenheit an. Der geheimnisvolle Osten, in welchem das Licht der Erkenntnis aufgeht, durch die göttliche Liebe erweckt und durch den wahren Glauben gestärkt, das verborgene „Bethlehem", in welchem das ewige Licht der vergänglichen Welt, der Erlöser, geboren wird, ist nicht fern; es bedarf keiner Zeremonien und keiner Reise über das Meer um es zu erreichen; es liegt im Innersten eines jeden Menschenherzens, in dem „gelobten Lande, das jeder in seiner Brust mit sich trägt. Dort allein findet er Gott und das verlorengegangene Wort, welches die toten Kräfte in seiner Seele erweckt; dort allein findet er den Meister, welcher ihm Weisheit lehrt, nicht durch äußerliche Worte, sondern indem er selbst mit Leib und Seele eins mit dem Meister wird. Nur derjenige ist ein echter Freimaurer, der selbst nach diesem Osten gewandert ist, das Licht der Erkenntnis in sich selber gefunden hat und Meister über seine eigene irdische Menschennatur geworden ist. Die Größe eines solchen Meisters der Kunst, sich selbst zu beherrschen, ist über alle Würden und Ämter, welche die Welt verleihen kann, unendlich und unvergleichbar erhaben; sie ist so groß, dass die kleinliche niedere Menschennatur bei ihrem Anblick furchterfüllt in ihr Nichts zusammenschrumpft, und diese Erhabenheit des vom Geiste Gottes erfüllten und erleuchteten Menschen ist so groß, dass sie der am Erdenstaube hängende Mensch nicht fassen kann; deshalb ist es auch unmöglich, den vom Eigendünkel besessenen Toren einen Begriff des wahren Wesens der echten Freimaurerei beizubringen. Niemand kann dasjenige in Wahrheit erkennen, was er nicht selber hat. Die unendliche Größe, wie auch die verborgene Tiefe hat etwas Abschreckendes für oberflächliche Menschen. Schiller sagt: „Ja, so sind sie! Schreckt sie alles gleich, was eine Tiefe hat; ist ihnen nirgends wohl, als wo´s recht flach ist." Was sind alle Reichtümer der Welt gegen den Reichtum desjenigen, der in sich selber das Dasein desjenigen Lichtes erkennt, aus dem die Strahlen kommen, welche das ganze Schattenspiel, welches die Welt vorstellt, schaffen und in Bewegung erhalten? Was sind alle gelehrten Meinungen, Theorien, Verstandesschlüsse und auf Wahrscheinlichkeit beruhenden selbstgemachten Vorstellungen gegen die Erkenntnis desjenigen, welcher selber der Gegenstand seiner Erkenntnis ist, welcher das höchste Ideale nicht bloß vom Hörensagen kennt, sondern weil es sich in ihm selber verwirklicht hat, welcher an dem Dasein des Guten nicht zweifeln kann, weil er es selber besitzt und selber derjenige ist, über dessen Dasein die Gelehrten sich streiten!

Es ist nicht unsere Absicht, freimaurerische Geheimnisse auszuplaudern, sondern unsere Freunde auf die in ihren Lehren verborgenen Geheimnisse aufmerksam zu machen, damit sie selbst darnach forschen. Die wahren geistigen Geheimnisse können nicht ausgeplaudert oder verraten werden, weil sie niemand verstehen kann als derjenige, welcher die Dinge, auf welche sie sich beziehen, selber besitzt, und sie in seinem eigenen Innern erkennt. Wer kann durch bloße wissenschaftliche Forschung das Wesen der Liebe kennen lernen, wenn er die Liebe nicht selber besitzt? Wer kann die Wahrheit wirklich erkennen, als wer sie in seinem Herzen fühlt? Wer kann die Unsterblichkeit erfassen, als wer sein sterbliches Wesen überwunden und in das Unsterbliche eingetreten ist? Weder das flatternde Irrlicht der ewig veränderlichen philosophischen Spekulation, noch das rauchende Kirchenlicht, welches eine irregeleitete Theologie der Menschheit zur Täuschung aufgesteckt hat, kann die Wahrheit erhellen, sondern nur dazu dienen, um sie zu verdunkeln. Die Wahrheit strahlt in ihrem eigenen Lichte für denjenigen, der sie erkennt; sie bedarf keiner künstlichen Beleuchtung, wenn sie sich selber im Menschen offenbart. Das hieße ein Talglicht anzünden, um damit die Sonne zu sehen. Um aber aus den unterirdischen Gängen an die Oberfläche zu kommen, wo das Licht der Sonne uns erreichen kann, dazu dient es, diejenigen Lehren zu befolgen, welche uns von den „Söhnen des Lichtes" mitgeteilt worden sind. Kein Mensch kann über dasjenige, was auf einer höheren Daseinsstufe als derjenigen, welcher er angehört, sich befindet, wirkliche Erkenntnis besitzen; wohl aber kann er von denjenigen, welche auf dieser Stufe stehen, Winke und Anleitungen erhalten, wie er dasjenige beseitigen kann, was ihn verhindert, selbst auf diese höhere Stufe zu gelangen. Wohl befinden sich solche Weisungen in den „heiligen Schriften" der Christen und Juden, Buddhisten, Brahminen, Mohammedaner usw.; sie bestehen aber meistens nur in Anordnungen über das, was man tun oder lassen soll, ohne dafür einen verständlichen oder genügenden Grund anzugeben. Sie verlangen von uns einen blinden Glauben, der nur zu oft dem gesunden Menschenverstande entgegengesetzt ist. Ein solcher blinder Glaube ist aber in unserem jetzigen aufgeklärten Zeitalter ein Ding der Unmöglichkeit geworden. Die Menschheit hat begonnen zu denken und kann sich das Denken nicht mehr abgewöhnen.

Sie will von allem das Wie und Warum wissen; sie fragt, warum soll ich dies oder jenes glauben oder tun, und erst wenn sie auf diese Frage eine verständliche Antwort erhält, entschließt sie sich, es zu glauben oder es zu tun. Die bloße Berufung auf die Dogmatik, wie sie im Mittelalter die Mode war, hat heutzutage wenig Wert. Wer einen Befehl erhält und denselben missversteht oder seinen Zweck nicht erkennt, wird ihn schwerlich richtig befolgen. Die Religionsgeschichte aller Völker lehrt, dass geistige Wahrheiten, welche nur teilweise erfasst wurden, verkehrt gedeutet wurden und der Menschheit zum Verderben gereichten. Der Geist sprach zu den Menschen: „Das Weib soll sich mit dem Manne im Feuer der göttlichen Liebe vereinen!" Da nahmen die Priester die Weiber, deren Männer gestorben waren, und warfen sie ins Feuer, wo sie lebendig verbrannten. Der Geist Gottes sprach zu den Azteken: „Opfert mir eure Herzen!" Da nahmen die Priester die gefangenen Feinde bei Tausenden, rissen ihnen bei lebendigem Leibe das Herz aus der Brust und opferten es. Gott sprach: „Suchet nach dem heiligen Lande (in eurer Seele), erobert das Himmelreich mit Gewalt!" Da riefen die Pfaffen das Volk zusammen, ermunterten es zu Raub und Mord, und Palästina wurde der Verwüstung und Plünderung preisgegeben. Gott sprach: „Ihr sollt kein Blut vergießen!" Da verbrannte man die Missliebigen bei lebendigem Leibe. Er sprach: „Gebt mir, was mir gehört!" (d. h. den Geist und die Liebe). Da nahm der Pfaffe dem Armen die letzte Kuh aus dem Stall und verkaufte sie zum Nutzen der Kirche. Gott sprach zu den Mohammedanern: „Vernichtet meine Feinde!" (d. h. eure eigenen bösen Begierden und Lüste, welche meiner göttlichen Natur in euch entgegengesetzt sind). Da schliffen sie die Schwerter und zogen aus zum „heiligen" Krieg, um ihre Nachbarn zu töten. Wie ein Sonnenstrahl, der in eine schmutzige Pfütze fällt, selber nicht beschmutzt wird, wohl aber dazu dient, die in der Pfütze enthaltenen giftigen Keime zu entwickeln, indem er die Verwesung befördert und wie klares Wasser die Form und Farbe des Gefäßes annimmt, in welchem es enthalten ist, so bringt auch die Offenbarung der Wahrheit demjenigen keinen Nutzen, welcher sie nicht erkennen kann oder will; in verkehrten Gemütern wird sie verkehrt und auch das Heiligste wird befleckt, wenn es in unheilige Hände kommt.

Da nun die Wahrheit ein gefährliches Spielzeug ist, an dem man sich leicht die Hände verbrennen kann, wenn man sich ihm nicht im Geiste der Wahrheit zu nahen versteht, so hat es zu allen Zeiten eine „Geheimwissenschaft" gegeben, welche nur den durch die Erlangung der Selbsterkenntnis Initiierten bekannt war, und diese Eingeweihten waren und sind noch immer die Hüter derselben. Diese höhere Wissenschaft aber wird geheim genannt, erstens weil sie praktisch nicht begriffen werden kann, so lange man sich nicht zu derjenigen Stufe der geistigen Entwicklung erhoben hat, auf welcher diejenigen geistigen Kräfte existieren, welche diese Wissenschaft behandelt, und zweitens weil es gewisse Geheimnisse gibt, welche die Menschen, so lange sie noch keine Herrschaft über ihre eigene Natur erlangt haben, zu ihrem eigenen und anderer Schaden missbrauchen würden, wenn sie in den Besitz derselben gelangen würden. Aus diesem Grunde wurde der Menschheit nur immer so viel von der Weisheitslehre mitgeteilt (insofern, als sie sich mitteilen lässt), als mit dem jeweiligen Kulturzustande der Menschheit verträglich war. Allerdings war zu allen Zeiten die Wahrheit vorhanden und für jeden zugänglich, der fähig war, sie zu empfangen; aber nur wenige hatten diese Befähigung, und diejenigen, welchen es gelang, den Schleier zu lüften, wurden von der Welt nicht verstanden und deshalb verfolgt; andere, welche die Wahrheit erkannten, hatten nicht die Befähigung, sie in einer leicht fasslichen Form zu beschreiben. Nehmen wir z. B. die Schriften von Jane Leade oder Jakob Boehme zur Hand, so kann man darin die tiefsten Wahrheiten finden, vorausgesetzt, dass man dieselben schon besitzt und sie in diesen Formen dann wieder erkennt. Für den Uneingeweihten aber entbehren solche Werke der wissenschaftlichen Grundlage. Sie wenden sich (wie Gebetbücher überhaupt) nur an das Gefühl, nicht aber an den Verstand; ja sie verwerfen sogar das Suchen durch die Vernunft. Aus diesem Grunde werden sie heutzutage von wenigen gelesen und unter diesen sind nur sehr wenige, welche dieselben verstehen. Allerdings gehört zum Verständnisse geistiger Wahrheiten vor allem die Erweckung des Gefühls für das Wahre; aber diese Erweckung ist viel schwieriger zu erlangen, wenn man die Vernunft unterdrückt, als wenn man die Verstandeserkenntnis mit der geistigen Erkenntnis in Einklang bringen kann. Mancher quält sich mit Philosophie und Theologie sein Leben lang ab, und ist am Ende so gescheid wie zuvor.

Unter allen Völkern waren stets nur die Edelsten und Besten im Besitze der heiligen Geheimnisse; teils waren sie infolge der Reinheit ihres Lebens fähig, dieselben zu erfassen, teils wurden ihnen dieselben durch Überlieferung mitgeteilt. In erster Linie waren und sind noch immer die Adepten in Indien und Ägypten die Bewahrer dieser Geheimnisse, welche den Besitz der Macht über gewisse Naturkräfte in sich schließen; in zweiter Linie waren es die Brahminen, die Priester der Isis, die Priester der

Griechen und Römer, die Sufis der Perser und manche mohammedanische Derwische. In mehr moderner Zeit war die katholische Kirche die Hüterin der Religion, und viele dem Okkultisten wohl bekannte innere Vorgänge finden sich heute noch in den Zeremonien der katholischen Kirche sinnbildlich dargestellt, wenn auch deren Sinn dem Geistlichen sowohl als dem Laien unverständlich geworden ist. Als aber während der dunkelsten Periode unseres Kali Yuga das Pfaffentum den Geist der wahren Religion verdrängte, so dass fast nichts mehr als die tote Form übrig blieb, als die Moralität der Geistlichkeit aufs Tiefste gesunken war, und besonders als mit dem Erscheinen des Protestantismus die höhere Anschauung schwand, der Rationalismus Eingang fand und die Menschen nichts mehr erkennen wollten, was nicht mit ihrem menschlichen Scharfsinn ausgeklügelt wurde; als die Sekten sich gegenseitig mordeten und man Bücher schrieb über die Frage, ob Adam einen Nabel gehabt hätte oder nicht, da schwand auch die Erkenntnis und die Geistlichkeit verlor den Schlüssel zum Verständnisse der Geheimnisse, deren bestellter Hüter sie war. Nur wenige Erleuchtete, die trotz der sie umgebenden Nacht den Schimmer des Lichtes der Wahrheit gefunden, wie Eckhart, Theophrastus Paracelsus, Jakob Boehme, Malinos und andere blieben in dessen Besitz, wurden aber von der Kirche verfolgt.

Zu jener Zeit war es, als sich die ersten Freimaurer und Rosenkreuzer Logen bildeten (1717), und wer noch einen Funken Menschenwürde in sich fand, nahm Zuflucht in ihnen. Sie bildeten die Oasen in der Wüste der geistigen und moralischen Verkommenheit jener Zeit, und für lange Zeit waren sie und sind teilweise heute noch das, was sie sein sollen, Stätten, in welchen die Menschlichkeit und die Liebe zur Wahrheit genährt wird. Aber auch in die Logen der Freimaurer schlich sich der Feind; die Maurerei wurde von Vögeln mit schwarzem Gefieder verunreinigt (vgl. die 99er. Der Hrsg.), Grade geschaffen, welche mehr dazu dienen, der Eitelkeit als der inneren Erleuchtung zu dienen, und aus manchen Stätten der Erbauung wurden Vereine, deren Zweck am Ende nur die gesellschaftliche Unterhaltung und der Zeitvertreib ist. Noch im Anfange dieses Jahrhunderts gab es Logen, in denen okkulte Wissenschaft praktisch betrieben wurde; heute weiß man nichts mehr davon. Man wird uns antworten, dass die durch die moderne Wissenschaft herbeigeführte Aufklärung diesen Aberglauben vertrieben hätte; Tatsache ist, dass ein Hahn auf dem Misthaufen eine Pfauenfeder fand und darüber die daneben liegende kostbare Perle vergaß.

Aber der Zeitgeist schreitet vorwärts; er steht nicht still. Er wartet nicht auf diejenigen, welche am Wege sitzen und auf die Postkutsche harren. Die Hüter der Geheimnisse im Osten haben durch H. P. Blavatsky den Profanen Lehren verkündigt, welche selbst den größten unter den Freimaurern der Vergangenheit ewig unerreichbar schienen. Dazu gehören die Lehre von den sieben Prinzipien in der Konstitution des Menschen und im Organismus der ganzen Natur, die Lehre von der Reinkarnation oder der Neugestaltung einer menschlichen Persönlichkeit durch den unsterblichen Geist, die Lehre vom Karma oder der Wiedervergeltung nach dem Gesetz der Notwendigkeit und die Lehre von derjenigen allgemeinen und deshalb göttlichen Liebe, welche nicht auf einer künstlich gemachten Moral, sondern auf der Erkenntnis der Einheit und Unzertrennlichkeit des Ganzen beruht.

Das Licht der modernen Freimaurerei in Europa und Amerika ist die aus dem Judentume stammende Bibel. Ferne sei es von uns, den Wert dieses so vielfach missverstandenen Buches schmälern zu wollen; aber gerade, weil die darin enthaltenen Allegorien und Symbole missdeutet worden sind und allgemein missverstanden werden; deshalb findet auch die Bibel in den Augen der Aufgeklärten nicht mehr diejenige Berücksichtigung, welche sie verdient. Den Schlüssel zu ihrem Verständnisse finden wir in der uns von den Adepten durch Vermittlung von H. P. Blavatsky mitgeteilten „Geheimlehre", zu der allerdings noch der Hauptschlüssel, die geistige Erkenntnisfähigkeit (Intuition), gehört. Dies ist aber unvermeidlich, denn die Wahrheit erniedrigt sich nicht. Man kann Licht in das Dunkel scheinen lassen, aber das Dunkel (die Materie) nicht zwingen, es zu begreifen. Die Lehren, von denen hier die Rede ist, sind keine neue Erfindung. Wir finden sie in den geheimen Figuren der Rosenkreuzer des 16. und 17. Jahrhunderts verborgen; wir finden sie in den Hieroglyphen der Ägypter, in den Mysterien der Griechen und Römer, und am klarsten und deutlichsten in den Upanishaden der Inder. Arthur Schopenhauer sagt in Bezug auf dieselben, wie er sie im Oupnek´hat fand: „Wie atmet doch das Oupnek´hat den heiligen Geist der Veden! Wie ist doch jede Zeile so voll ernster, bestimmter und durchgängig zusammenhängender Bedeutung! Aus jeder Seite treten uns tiefe, ursprüngliche, erhabene Gedanken entgegen, während ein hoher heiliger Geist über dem Ganzen schwebt. Und o, wie wird der Geist rein gewaschen von allem früh eingeimpften jüdischen Aberglauben und aller diesem fröhnenden Philosophie. Es ist die belehrende und erhabenste Lektüre, die auf der Welt möglich ist; sie ist der Trost meines

Lebens gewesen und wird der meines Sterbens sein."

In der Tat ist die Bibel ein Buch, welches die Kenntnis der in den Upanishaden enthaltenen Lehren, beim Lesen voraussetzt, und die Upanishaden liefern den Schlüssel zu dem Verständnisse der Bibel. Durch das Studium der indischen Lehren wird der Gesichtskreis erweitert und wir finden allgemeine Naturkräfte und göttliche Wesen, wo man früher nur Personen, deren Familienangelegenheiten uns nichts angehen, jüdische Patriarchen usw. erblickten. Da verwandelt sich ‚Abraham in das Sinnbild von Brahma, der König Salomon in das Sinnbild der Sonne der Weisheit mit dreifachem Namen, Sol, Om und On (lateinisch, Sanskrit und chaldäisch). Da finden wir, dass der wahre Erlöser der Menschheit nicht tot ist, sondern heute noch in der ganzen Menschheit und in jedem einzelnen lebt und wirkt, und dass die Erlangung einer selbstbewussten Unsterblichkeit von keiner Laune eines Gottes abhängig, sondern von Gott in unsere eigenen Hände gegeben ist. Da überzeugen wir uns, dass zwar der Mensch als Tier betrachtet ein Produkt der Evolution der Materie, der über ihm stehende und ihn belebende geistige Mensch aber ein Bürger des Himmels ist, und dass jedes Leben auf Erden nur eine der vielen Prüfungen ist, welche ein jeder bestehen muss, um zur Vollkommenheit zu gelangen. Da erkennen wir, dass das Leben sowohl als der Tod eine Täuschung ist und dass weder das eine noch das andere denjenigen berührt, welcher zur Selbsterkenntnis gelangt ist.

Wohl mag es einige wenige geben, die alle diese Lehren nicht nötig haben, weil sie von der Weisheit selber erleuchtet sind, und ein besserer Lehrmeister lässt sich nicht finden. Aber das Gemüt der meisten Sterblichen ist wie ein Blatt, das mit der Schrift des Irrtums und der Lüge bedeckt ist, und es ist keine leere Stelle vorhanden, auf welche die Wahrheit schreiben kann. Diese falsche Schrift zu zerstören; das Blatt rein zu waschen, das Gemüt für die Erkenntnis der Wahrheit empfänglich zu machen und den Tempel Gottes im Menschen zu erbauen, dies, und nicht die bloße Befriedigung der wissenschaftlichen Neugierde, ist der Zweck der theosophischen Lehren.

In dem spiralförmigen Kreislauf der menschlichen Evolution ist unser Geschlecht wieder einmal auf demjenigen Punkte angelangt, wo ihm die Kinderschuhe nicht mehr passen. Die Welt reibt sich den Schlaf aus den Augen, beginnt zu denken und will an jüdische Ammenmärchen nicht mehr glauben, wenn man ihr nicht sagt, was dahinter steckt. Sie verlangt nach einer vernünftigen Grundlage für die ihr dargebotene Weltanschauung und weigert sich, dasjenige zu glauben, was sowohl dem Gefühl der Wahrheit im Herzen, als auch der gesunden Vernunft widerspricht. Hier tritt die Geheimlehre des Ostens als rettender Engel auf. Sie gibt der Religion eine wissenschaftliche Stütze und verlangt als Grundlage einer höheren wissenschaftlichen Forschung die selbstlose Liebe zur Wahrheit, die natürliche Grundlage der Religion; sie macht den blinden Glauben sehend, indem sie dasjenige entfernt, was unsere Augen verschlossen hielt. Jetzt wird uns der tiefe Sinn religiöser Allegorien klar und wir finden es sehr lächerlich, dass wir früher dasjenige, was wir falsch auffassten, lächerlich fanden. So hört das Wort der Wahrheit auf, ein leerer Schall für uns zu sein und wir erkennen den die tote Form und den toten Buchstaben belebenden Geist. Berührt von dem Zauberstabe der Erkenntnis verwandelt sich alles in Leben, und das Licht der Wahrheit vernichtet die Torheit, wie das Licht der Sonne die Nebel zerstreut.

Die wahren Geheimnisse der echten Freimaurerei sind die geheimen Kräfte, welche in der Seele der Welt wirken nach dem Gesetze des Geistes in der Natur, die Vorgänge, welche im inneren Heiligtum der großen Loge der Menschheit, welche die ganze Welt umfasst, stattfinden. Das größte Geheimnis, welches nicht mitgeteilt werden kann, ist der Mensch selbst. Der Übergang von einem Grade zum anderen kann in dieser Loge Millionen von Jahren dauern, und erst im letzten Grade findet er das große Geheimnis des eigenen göttlichen Selbsts. Menschengeschlechter kommen und gehen und fallen ab vom Baume des Lebens wie dürre Blätter im Herbste, welche der Wind verweht, aber eine jede Blüte birgt in sich den Keim zu einer neuen Frucht. Die Formen vergehen, doch ewig waltet der Geist. Tiefer und tiefer dringt das Licht in das Innere der sich läuternden Materie ein, bis ins Herz, wo der göttliche Funke ruht, den es erweckt und entflammt.

Viele träumen vom Idealen und Schönen, von Tugend, Größe und Kraft; wenige sorgen dafür, dass das Ideale sich in ihnen verwirklichen und Größe und Kraft in ihnen zur Offenbarung gelangen kann. Viele Blumen gibt es im Felde, die von der Sonne träumen und verwelken; wenige sind die Diamanten, Rubine und Saphire, deren Körper das Licht der Sonne durchdringt, so dass es ihnen zu eigen wird und sich in ihnen wiederspiegelt. So gibt es auch viele, die vom Geiste überschattet sind, aber nur oberflächlich und äußerlich und andere, welche vom Geiste der göttlichen Liebe durchdrungen sind bis tief in das Herz hinein. Durch diese Durchdringung wird das Geheimnis klar und geschieht die Erbauung. So tritt der Geist in die ewige Freiheit und es erfüllt sich der Zweck der Freimaurerei. Wenn das Licht der Wahrheit die Seele und den Körper durchdringt und den göttlichen Funken entzündet; wenn die Selbstsucht und Eigenliebe und alles Unreine im Gemüte des Menschen verbrannt, dann erhebt sich der wahre Mensch wie ein Phönix aus den Flammen und steigt zum Himmel, seiner Heimat, empor, wo der Pelikan (indisch: Hamsa) wohnt, der seine Jungen mit seinem eigenen Blute füttert und ihnen das ewige Leben verleiht. Dann erst befindet sich der Mensch im wahren Heiligtum, wo der Sohn der Witwe den Vater wiederfindet und wo der Stein sich befindet, den der Handlanger verworfen, der aber der Schlussstein am Bogen des Tempels geworden ist.

Zöge die ganze Menschheit in diesen Tempel ein, dann wäre Frieden auf Erden. Würde die ganze Welt die freimaurerischen Geheimnisse in Wahrheit erkennen, so würde sie auch sich selbst und die Wahrheit begreifen. Diese Geheimnisse aber werden erst dadurch offenbar, dass man die Wahrheit erkennt. So bedingt das eine das andere, der Anfang das Ende und das Ende den Anfang, die Wahrheit selbst ist das A und das O, das Mittel zum Zweck und der Zweck selbst. Sie bleibt ewig ein Geheimnis für diejenigen, welche sie zu ihren eigenen persönlichen und materiellen Zwecken benützen wollen; wer sie kennen will, muss sich selber verlassen, und sein wahres Ich zu ihr durch die Kraft der Wahrheit erheben. Dann erst erfüllt die Freimaurerei ihren Zweck.

Dr. Franz Hartmann

9. Dr. Lomer über Sebottendorfs Buch:
„Die Praxis der türkischen Freimaurerei"

„Der Schlüssel zum Verständnis der Alchemie. Eine Darstellung des Rituals, der Lehre der Erkennungszeichen orientalischer Freimaurer. 48 Seiten. Theosophisches Verlagshaus Leipzig. Verfasser sieht den Unterschied zwischen dem unter hartem Friedensjoch fast erliegenden deutschen und dem kraftvoll sich behauptenden türkischen Volke wesentlich in seiner geistigen Einstellung und Schulung des letzten, die ihm Gewand der türkischen Freimaurerei bis heute erhalten geblieben ist, während das Maurertum unseres Landes sie vergessen hat. Die freimaurerische Konstitution von 1717 war eine Abwendung vom richtigen Weg, der allein in der Arbeit an sich selbst zur Veredelung, und damit zur Erwerbung höherer Erkenntnismöglichkeit gefunden wird. Diesen Weg und seine Praxis, die mit der Praxis der alten Rosenkreuzer und wahren Alchemisten identisch ist, deckt der Verfasser im Einverständnis und Auftrag islamischer Oberer auf. „Der Grund ist folgender: Eine große, in ihren Ausmaßen ungeheuerliche Organisation des Unglaubens hat die sogenannte Kulturwelt sich unterworfen, die religiösen Institutionen sind bereits derart unterwühlt, dass sie sich zu keinem einheitlichen Widerstande aufraffen können. Wenn nicht geistige Führer dem Abendlande erstehen, so ist die Gefahr groß, dass das Chaos alles mit fortreißt!", sagte Freiherr von Sebottendorf.

Das Verfahren, das von Sebottendorf sodann bis in die Einzelheiten genau angibt, ist in gewissen Schlüsselworten des Korans überliefert und wird heute wie einst von muselmanischen Derwischorden ausgeübt. Es ist ein Parallelverfahren zu dem in meinen Lehrbriefen wiedergegebenen, sollte also nur von solchen Suchenden aufgenommen werden, die nicht bereits mit jenem begonnen haben. Auch eine Überfütterung ist von Übel. Das Buch als solches gehört in die Hand aller ernsthaften Esoteriker und kann auf das Wärmste empfohlen werden."

Aus der Zeitschrift: „Zum Licht" von Dr. G. Lomer,
September 1924, Heft 9.

10. Brandler-Pracht
Lomer

In Heft 7 der Zeitschrift „Zum Licht" steht unter dem Kürzel H. B. folgende Buchbesprechung zum Werk: *„Geheime Seelenkräfte",* *Unterrichtsbriefe zur Entwicklung der Willenskraft und okkulten Fähigkeiten. Ein erprobter Lehrgang in 10 Stufen, von Karl Brandler-Pracht. 1923. Linser-Verlag. – Die wesentlichen Grundlagen dieser Unterrichtsbriefe sind die Neugedankenlehre und indische Theosophie. Die indischen Ausdrücke und die* (falsche. Der Hrsg.) *Tattwalehre können das Vertrauen des modernen Europäers in die Wirksamkeit der angehenden Übungen beeinträchtigen. Im Übrigen kann der Strebende manches aus dem Buche für seine Entwicklung lernen. Der übende Schüler aber wird gut tun, sich, ehe er die höheren Übungen beginnt, nach persönlicher Beratung eines Wissenden umzusehen."*

11. Eine gerechte Strafe
H. S.

In der Zeitschrift „Zum Licht" von Dr. Lomer, Januar 1924, Heft 1, befindet sich ein äußert interessanter Artikel, dessen Thema schon mehrfach in den verschiedenen Filmen, unter anderem in „Schlafes Bruder", angeschnitten wurden. Es behandelt nämlich die Verletzung des zweiten Gebotes, welches lautet: *„Du sollst den Namen des Herrn, deines Gottes, nicht missbrauchen; denn der Herr lässt den nicht ungestraft, der seinen Namen missbraucht."*
Nachstehendes steht geschrieben: *„In Falkenberg bei bei Neurode (Reg.- Bez. Breslau) wurde, wie von dort geschrieben wird, ein großes Steinkreuz, der Familie Gersch gehörig, von zwei rohen Burschen aus Oberhausdorf umgebrochen und der Christuskörper zertrümmert. Der eine Bursche verunglückte bei dieser Arbeit und liegt im Lazerett mit gebrochenen Kreuz, während der zweite am anderen Tage in Mölke von einer Maschine zerrissen wurde und unter furchtbaren Qualen verstarb!"*

*

Man sieht aus dem hier Geschrieben, dass es immer und für jeden Sterblichen gefährlich ist, wenn man die höheren geistigen Kräfte erzürnt. Man weiß nämlich nie, wie deren Rache ausfällt …

12. Die Erkenntnis als Befreiung
Zitiert aus dem Buch „Grundlegung der Initation" von Julius Evola

Aus dem ersten Kapitel des Kularnava-Tantra; erste Übersetzung aus dem Sanskrit für „UR" von Arthur Avalon:

1. Während der oberste Herrscher, der Gott der Götter, der die höchste Glückseligkeit und der Meister der Welt ist, auf dem Gipfel des Kailasa Berges saß, fragte Parvati folgendermaßen.
2. Die Göttin sprach also: Heiliger, Du bist der Herr der Götter, der Herrscher über die fünf Opferriten; allbewusst und durch Yoga unmittelbar zu erkennen bist Du. Sei gnädig denen, die bei Dir Zuflucht suchen, o Herr des Ordens (Kula, also der Orden der tantrischen Eingeweihten), höchstes Gesetz und Ozean voll des Nektars der Gnade.
3. O Meister, unzählige Massen, die in diesem zufallsunterworfenen und schrecklichen Wechsel in verschiedenste Körper eingeschlossen leben, leiden alle Arten von Schmerzen. Sie werden geboren und sterben, aber es gibt keine Befreiung für sie. Ohne Hilfe in ihrem Leid ist nicht einer von ihnen glücklich. Sag, o Herr, durch welches Mittel können sie gerettet werden?
4. Der Herr sprach: Höre, o Göttin, was ich auf Deine Frage antworte, da deren Verstehen vom Ewigen Werden (Samsara) befreit.
5. Shiva ist allbewusst und einfach, er ist höchstes Brahman und der Schöpfer von allem. Maya verändert ihn nicht, und er ist der Herr aller Dinge. Allein und ohne einen Zweiten ist er das Licht selbst. Kein Wandel in ihm, kein Anfang, kein Ende. Er ist ohne Eigenschaften und noch höher als der Höchste. Sein, Bewusstsein und Ekstase, alle Wesen sind nichts als Unterteilungen von ihm.
6. Eingehüllt, wie sie sind, von einem Nichtwissen bar jedes Prinzips, ähneln (die Einzelwesen) Funken im Feuer. Durch ihre Handlungen und die ihrer Sinne werden sie, je nach deren Eigenschaften, auf verschiedene Namen (= verschiedene Existenzformen) festgelegt; mögen die Handlungen gut oder schlecht sein, sie bilden eine Fessel, und sie sind die Quelle allen Leides. Indem sie (die Einzelwesen) von Geburt zu Geburt irren, erlangen sie diesen Körper von unterschiedlicher Lebensdauer, Glückseligkeit und

Mühsal, wie es ihrem Zustand zukommt und wie es sich aus ihren Werken ergibt. Und, o Geliebte, der Kausalkörper und der feinstoffliche Körper vergehen nicht eher, als die Befreiung erreicht ist.

7. Das Ziel aller Dinge der unbewegten Welt, aber auch der Wesen, die mit Beweglichkeit ausgestattet sind – kriechende Würmer, schnellende Fische, Vögel, wilde Tiere, Menschen, bedachte und tugendhafte Geschöpfe und Götter –, ist die Befreiung. Nach dem Durchlaufen von Milliarden von Geburten in der einen oder anderen der vier Klassen und als Folge eines großen Verdienstes wird man schließlich zum Menschen und durch Verwirklichung der Erkenntnis zum Befreiten.

8. O Parvati, nur durch Verdienst und über große Schwierigkeiten kommt man nach Tausenden und Abertausenden von Geburten in dieses Universum zur menschlichen Existenzstufe. Wer ist also schuldhafter als derjenige, der sich, nachdem er diese so schwer erreichbare Stufe, diesen Grundstein für die Befreiung, erklommen hat, nicht daran macht, (den Strom des Werdens) zu überqueren?

9. Wahrhaft, ein Mörder seiner selbst ist, wer eine (solche) auserwählte Geburt erreicht hat, mit vollkommenen Sinnen ausgestattet ist und doch kein Auge für das hat, was für sein Heil notwendig ist.

10. Ohne einen Körper können die Ziele der menschlichen Existenz nicht verwirklicht werden. Nachdem Du nun also einen Körper angenommen hast, der wertvoll ist, arbeite so, wie es dem Ziel gemäß ist.

11. Der Körper muss mit allen Mitteln bewahrt werden, denn in ihm ist alles enthalten. Versuche ihn zu bewahren, bis Du Die Wahrheit erkannt hast.

12. Das, was der Körper gemäß der ihm eigenen Natur verlangt, sei ihm im Hinblick auf die Erlangung der Erkenntnis gewährt. Die Erkenntnis wird die Kraft des kontemplativen Yoga (dhyanayogasakti) wecken, mit dem dann die Befreiung leicht zu verwirklichen ist.

13. Wenn Du nicht einmal selbst Dein eigenes Ich vor dem Übel bewahrst, wo wirst Du dann jemanden finden, der ihm besser gesinnt ist und es unterstützt, (den Strom des Werdens) zu überqueren?

14. Wer sich hier schon nicht vor dem bewahrt, was den Höllen angehört, wird dann dort, wo es kein Heilmittel gibt, wohl was machen? Solange dieser Körper dauert, mach das, was die Erkenntnis der Wahrheit ermöglicht. Strebe nach dem Besten, bevor Dich das Übel überwältigt, bevor Dich die Gefahren umkreisen und bevor die Sinne ihre Kraft verlieren.

15. Von Deiner Maya unterjocht, sieht (der Mensch) nicht, obwohl er Augen hat, versteht nicht, obwohl er Ohren hat, begreift nicht, obwohl er lesen kann.

16. Diese Welt stürzt in den tiefen Ozean der Zeit hinab, der von Verderbtheit, Krankheit und Tod wie von Haifischen verseucht ist; trotz dieser Erkenntnis wird aber nichts in ihr erkannt.

17. Geliebte, der Tod erschlägt den Menschen, während er denkt: „Das ist getan" – „Das ist noch nicht getan" – „Das ist noch nicht vollständig getan".

18. Das morgige Werk soll heute schon vollendet werden, das für den Abend Geplante am Morgen. Der Tod kümmert sich auch nicht um irgendein Werk des Menschen, sei es nun getan oder nicht getan.

19. Sogar für die Götter Brahma, Vicnu, Maheca und andere, die geoffenbarte Wesen sind, wird der Tag kommen, wo ihre Existenz zu Ende geht. Du also arbeite für die Befreiung.

20. Loslösung ist Befreiung. Jegliches Übel kommt von der Bindung. Sei deshalb losgelöst und fest im Wirklichen – und Du wirst die Glückseligkeit erlangen. Selbst Der (höchste) Wissende wird von der Bindung in den Niedergang geführt – was soll ich dann von denen vermelden, die nur „kleine Wissende" sind?

21. Solange sich der Mensch in seinem Durst nach Vergnügen selbst Fesseln schmiedet, werden die Pfeile des Kummers sein Herz durchbohren.

22. Jeden Tag, leider, wird er von den Sinnen verzehrt, die sich wie Diebe in seinem Körper eingenistet haben und sich gütlich tun an den Objekten der Begierde, die sich ihm jedoch in immer neuer Sehnsucht entziehen.

23. Wie der Fisch, der nach der Nahrung an der Angel giert, nicht den Widerhaken bemerkt, so erkennt der nach Lust dürstende Mensch nicht die Marter, (die folgt, wenn man) dem Gott der Unterwelt (in die Hände fällt).

24. Schlafen, sich paaren, Nahrung zu sich nehmen und andere

gleichwertige Tätigkeiten sind allen Tieren gemeinsam. Nur der Mensch ist für Die Erkenntnis geschaffen. Wer sie nicht hat, ist nur ein wildes Tier.

25. Alle sind gefangengenommen von den Pflichten ihrer verschiedenen Kasten und Lebensstadien (acrama). Diese Dummköpfe, o Parvati, erkennen nicht die Höchste Wahrheit und werden untergehen.

26. Wiederum andere, die von Unwissenheit voll sind, täuschen die Menschen, indem sie ihnen die Einhaltung von Riten und Opfern predigen.

27. Dann gibt es solche, die sich an leeren Worten befriedigen und die voller Sorge um die Zeremonien verwirrt vor einem mit Anrufungsformeln vollgestopften Haufen Rituale stehen.

28. Andere Narren, die sich vom Spiel Deiner Maya täuschen lassen, glauben die Befreiung zu erlangen, wenn sie sich mit einer einzigen Mahlzeit pro Tag begnügen, fasten und sich anderen Kasteiungen unterwerfen, die nur den Körper schwächen.

29. Welche Befreiung können diese Dummköpfe denn mit der bloßen Quälerei des Fleisches erlangen? Göttin, wird denn vielleicht die Schlange getötet, wenn man auf den Ameisenhaufen (der ja nur über ihrem Neste steht) drauf losschlägt?

30. Diese Brut von Heuchlern aus Gewinn- oder Ruhmsucht schreitet mit dem Ausdruck der Weisheit einher und betrügt das Volk.

31. Meide denjenigen, der den Genüssen dieser Welt ergeben ist und sich rühmt, Brahman zu kennen, während er von der wahren Praktik und von Brahman nichts weiß. Meide ihn so, wie man einen Schurken meidet.

32. Herrin des Ordens (Kula), alle diese (asketischen) Übungen dienen nur dazu, den Menschen zu täuschen. Eine tatsächliche Befreiung verleiht nur die gegenwärtige Erkenntnis der Wahrheit.

33. Geliebte! Die pacu, die auf dem Grund des tiefen Schachtes der sechs Philosophien (darcana) geendet sind, unterliegen den Fesseln und wissen nicht, was das höchste Objekt und das Ziel des Lebens ist.

34. In leerem Disput irren sie auf dem verwirrenden Meer der Veden und anderer Schriften umher und, von den Wellen der Zeit mitgerissen, werden zu Opfern der dort hausenden Raubtiere.

35. Wer (sagt, dass er) die Veden kennt, die Agama und Puranas, aber

nicht das höchste Ziel erkannt hat, ist ein Betrüger. Was er über diese Schriften sagt, gleicht dem Krächzen der Krähen.

36. Die Höchste Wahrheit liegt in einer Richtung, aber das Mühen des Menschen in einer anderen – während die wahre Bedeutung der Schrift so ist, deuten diese sie in anderer Weise.

37. Der Dummkopf weiß nicht, dass die Wahrheit im Selbst liegt, sondern ist von den Schriften besessen. Ein bloßes verbales Wissen vertreibt die Sorge des Ewigen Werdens nicht. Auch die Dunkelheit kann man nicht mit dem bloßen Wort „Licht" verjagen.

38. Wer liest und nicht wach ist, gleicht einem Blinden, der in einen Spiegel schaut. O Göttin, die Schriften schenken die Erkenntnis der Wahrheit nur demjenigen, in dem schon Weisheit ist.

39. Göttin, wie ein Mensch, der nach einem Trunk göttlichen Nektars wieder genesen ist, damit jede andere Nahrung verachten wird, genauso wenig braucht jemand, der Brahman verwirklicht hat, irgendeine Art von Schrifttum.

40. Nicht durch das Studium der Veden bei einem Lehrer, nicht durch das Lesen von Büchern kann die Befreiung erlangt werden. O Du, von den vira Angebetete, nur die spirituelle Erkenntnis kann Befreiung hervorbringen und nichts anderes als sie.

41. Die Einhaltung der verschiedenen Pflichten und Andachten der Acrama (die vier Lebensabschnitte im Leben eines Hindu) führt nicht zur Befreiung, und auch die Philosophie und die Schriften sind nicht ihre Ursache; ihre Ursache ist einzig und allein die Erkenntnis.

42. Nur das Wort eines Meisters überträgt die Befreiung; jede Lehre (die auf bloßen Theorien beruht) hingegen leitet irre; nur sein Wort schenkt das Leben, und es ist wirksam wie ein Bündel Brennstoff (der das verborgene Feuer zur Entflammung bringt). Die von Civa verkündete Nicht-Zweiheit hängt nicht von Ritualismen und Übungen ab, man erfährt sie vielmehr aus dem Mund eines Meisters und nicht durch das Lesen von auch zehn Millionen Traktaten (agama).

43. Die einen wünschen einen Monismus, die anderen einen Dualismus. Sie beide kennen also meine Wahrheit nicht, die jenseits von Monismus und Dualismus liegt.

44. Es gibt zwei Wege: Der eine führt in die Versklavung, der andere zur Befreiung. „Das bin ich" und „das bin ich nicht" sind ihre

Grundsätze; durch den einen wird der Mensch gebunden, durch den anderen befreit.

45. Das ist die Tat, die nicht in die Versklavung führt, das ist die Erkenntnis, die zur Befreiung führt. Jede andere Tat ist nur Wahn, jede andere Erkenntnis ist bloßes Üben und mechanisches Unterfangen.

46. Solange die Begierde weiterbrennt, solange das Werden im Vordergrund steht, solange die Sinne noch nicht festgebunden worden sind, wie will man da von Wirklichkeit und Wahrheit sprechen?

47. Solange ein Trieb zum (nach außen gewendeten) Tun besteht, solange die Gedanken zwischen allen möglichen Arten von Entscheidungen hin- und herschwanken, solange sie nicht unbeweglich gemacht worden sind, wie kann man da von Wirklichkeit und Wahrheit sprechen?

48. Solange sich das Fleisch selbst rühmt und das Gefühl „das bin ich" (eben dieses beschränkte Wesen) Bestand hat, so lange man sich nicht einen Meister verdient hat, wie will man da von Wirklichkeit und Wahrheit sprechen?

49. Askese, Gelübde, Pilgerfahrten, Aufsagen von Formeln, Feueropfer, Anbetung und ähnliches, wie auch Abhandlungen über die Veden, die Agama und die anderen Schriften können nur so lange nützlich sein, als die Wirklichkeit und die Wahrheit nicht erkannt sind.

50. Deshalb muss, o Göttin, wer die Befreiung anstrebt, sich immer, mit jedem Mittel und überall fest an die Wirklichkeit und Wahrheit halten.

51. O Parvati, was nützen so viele Worte? Außerhalb des Gesetzes der Kaula gibt es keine Befreiung. Das ist die Wahrheit, und sie erlaubt keinerlei Zweifel.

52. Deshalb sage ich Dir, o Göttin, dass der Mensch leicht von der Fessel dieses furchtbaren Umherwandelns befreit werden kann durch die direkte Übertragung der Wahrheit seitens eines Meisters.

53. (So) habe ich Dir, o Geliebte, kurz über den Ursprung der Lebewesen und ihre Wege berichtet.

13. Drei Vortrage über die Bhagavad Gita
T. Subba Row Garu, vor den Mitgliedern der theosophischen Gesellschaft in Madras.

Vorwort:

Die folgenden Vortrage eines der größten Mystiker der Neuzeit, des Brahminen T. Subba Row, dürften sehr dazu geeignet sein, dem Leser einen Einblick in den Geist der Bhagavad Gita zu verschaffen. Wer diesen Geist richtig erfasst, der wird auch dadurch einem Verständnisse der in der christlichen Religion verborgenen Geheimnisse näher gebracht werden; denn die Grundlage beider Religionen ist ein und dieselbe, nämlich die Erkenntnis der ewigen Wahrheit im Lichte der Wahrheit selbst.

Einleitung.

Wenn wir die Bhagavad Gita kennen lernen wollen, so dürfen wir dieselbe nicht als ein von dem übrigen Teile des Mahabharata getrennt stehendes Buch behandeln. Es wurde von Vyasa im richtigen Platze und mit Bezugnahme auf Dinge, die in jener beschrieben sind, eingefügt. Wir müssen vor allem die Stellung, welche Arjuna und Krishna einnehmen, begreifen lernen, ehe wir den Wert der Lehren des Letzteren zu erfassen im Stande sein können. Arjuna ist mit verschiedenen anderen Namen bezeichnet, und die Bedeutungen der meisten derselben sind von ihm selbst in der Virataparva erklärt. Ein Name jedoch ist dort nicht erwähnt, nämlich „Nara", d. h. „Mensch".
Es erscheint auf den ersten Anblick sonderbar, dass eine spezielle Person diesen Namen als Eigennamen fuhren sollte, aber es liegt in diesem Umstand der Schlüssel, nicht allein zum Verständnis der Stellung der Bhagavad Gita im Text des Mahabharata, und deren Beziehungen zu Arjuna und Krishna, sondern auch zu den dem ganzen Mahabharata zu Grunde liegenden Ideen, und bezeichnet die Anschauung Vyasas in Bezug auf den Ursprung, die Versuchungen und die Bestimmung des Menschen. Vyasa stellte Arjuna als den Menschen, oder, um es richtiger auszudrucken, als die wahre Monade im Menschen (den inneren Menschen, die Seele), und Krishna dar als den Logos (den Geist, die Kraft), welcher kommt, um den Menschen zu erlösen. Es mag auf den ersten Anblick sonderbar

erscheinen, dass das Gespräch zwischen Arjuna und Krishna zu so einer ungelegenen Zeit, nämlich gerade am Anfange der Schlacht stattfinden soll; aber wenn man erst den Sinn des Mahabharata begreift, so wird man einsehen, dass dies der geeignetste Zeitpunkt war. Im geschichtlichen Sinne bedeutet diese Schlacht einen Kampf zwischen zwei Stammen; philosophisch betrachtet dagegen ist es der große Kampf, welchen der Menschengeist gegen die Leidenschaften im physischen Körper zu kämpfen hat. Da ist der „Hüter der Schwelle", welcher dem Neophyten entgegentritt, und welcher besiegt werden muss. Dieser Hüter der Schwelle ist das Gespenst, aus Furcht und Verzweiflung gebildet, wenn der Schüler, welcher ins Heiligentum eintreten will, alle seine Neigungen für alles, was ihm bisher auf Erden lieb war, verlassen soll. Wenn er alles aufgegeben hat, und das Höhere noch nicht in sein Bewusstsein getreten ist, so fühlt er sich allein; getrennt von seinen Freunden scheint ihm das Leben selbst in nichts zu verschwinden; er glaubt, alle Hoffnung verloren zu haben und sein Dasein erscheint ihm ohne Zweck. Kein Stern leuchtet ihm, alles vor ihm ist dunkel; seine Seele ist niedergedrückt und er ist versucht auf dem Wege umzukehren. Wenn er aber gegen diese Furcht siegreich ankämpft, so ist er auch fähig zum Vorwärtsschreiten.

Dies war der innere Zustand von Arjuna in diesem Zeitpunkte. Für ihn handelte es sich darum, einen Vernichtungskrieg gegen Feinde, welche von seinen eigenen nächsten Blutsverwandten befehligt waren, zu beginnen, und es ist begreiflich, dass er vor dem Gedanken zurückschreckte, seine nächsten Verwandten und Freunde zu toten. Desgleichen sind wir alle dazu berufen, einen solchen Vertilgungskrieg gegen unsere Leidenschaften und Neigungen zu unternehmen. Diese Neigungen sind nicht immer an und für sich böse, aber ihre Einflüsse müssen überwältigt werden, ehe wir uns zu etwas Höherem dauernd erheben können. Arjuna repräsentiert den Schüler (Chela), welcher dem „Hüter der Schwelle" entgegentritt. Wie der Guru (Meister) den Chela unterrichtet, um ihn gegen die Versuchungen, welche sich ihm bei der Initiation entgegenstellen, zu stärken, so unterrichtet Krishna seinen Schüler Arjuna im Beginn der Schlacht. Die Bhagavad Gita ist demnach ein Gespräch zwischen einem Meister und einem Schüler, welcher den Entschluss gefasst hat, allen irdischen Wünschen und Hoffnungen zu entsagen, der aber trauert, weil ihm sein Dasein nun nichtig und freudenlos erscheint. Das Buch enthält achtzehn Kapitel, die unter sich innig verbunden sind. Jedes derselben beschreibt eine gewisse Phase des menschlichen Lebens.

Was die Moral der Bhagavad Gita betrifft, so behaupten manche, dass, wenn jedermann die darin enthaltenen Lehren befolgen würde, aller gesellschaftliche Fortschritt aufhören würde. Dies beruht auf einem Missverständnis. Es ist wahr, dass die Mehrzahl der Menschen nicht in der Lage sind, ihren Bürger- und Familienpflichten zu entsagen; aber Krishna sagt ausdrücklich, dass die Ausübung dieser Pflichten wohl vereinbar sei mit einer Entsagung im Geiste (im Willen), welche viel wirksamer ist, als eine bloß äußerliche Trennung von der Welt; denn wenn auch der Körper des Einsiedlers in der Wildnis lebt, so kann dennoch sein Herz und seine Gedanken in der Welt sein, andererseits aber kann man in der Welt leben, ohne ihr anzugehören. Krishna lehrt, dass die geistige Enthaltsamkeit wichtiger als die körperliche ist. Wer Pflichten zu erfüllen hat, muss sein Denken darauf richten; aber es ist Eines, etwas aus Pflichtgefühl zu tun, und ein Anderes, dasselbe zum Vergnügen oder Eigennutz zu betreiben.

Es ist deshalb wohl denkbar, dass ein Mensch seinen äußerlichen Pflichten nachkommen mag, und dabei dennoch geistige Fortschritte macht. Keine Religion lehrt, dass die Menschen Sklaven ihrer Neigungen sein sollen; manche lehren sogar die Notwendigkeit der (äußerlichen) Enthaltsamkeit. Was man den Hindus und Buddhisten am meisten vorgeworfen hat, ist, dass ihre Religion die Menschen, welche sich ihr ergeben, für das gewöhnliche Leben untauglich mache. Diese Ansicht beruht auf einem Missverständnis, denn diese Religionen lehren, dass nicht die äußere Handlung, sondern der Beweggrund, aus welchem dieselbe hervorgeht, in erster Linie von Wichtigkeit ist. Diese Moral ist in allen Teilen der Bhagavad Gita zu finden. Es ist darin die Geschichte des Ursprunges und die Bestimmung des Menschengeistes beschrieben, und die Weise, wie der Mensch Erlösung erlangen kann durch die Hilfe und die Erleuchtung, welche er durch das Wort (Logos) erhält. Es gibt Leute, welche die Ermahnung Krishnas an Arjuna, ihn als den alleinigen Gott zu verehren, so aufgefasst haben, als ob es sich um einen persönlichen (in Zeit und Raum beschränkten) Gott handeln wurde. Dies ist aber nicht der Fall, denn obgleich Krishna von sich selbst als Parabrahm (die Gottheit) spricht, so ist er dennoch der Logos (der Sohn). Er spricht von sich selbst als Atma (Weltseele), ist aber zweifellos eins mit Parabrahm; denn es gibt keinen wesentlichen Unterschied zwischen den Beiden. Desgleichen haben alle Kinder Gottes, Christus nicht ausgenommen, von sich selbst als „eins mit dem Vater" gesprochen. Wenn er von sich selber sagt, dass er in beinahe jeder Wesenheit im Kosmos existiere, so druckt er damit eine Eigenschaft Parabrahms aus. Ein Logos kann dies behaupten und auf diese Eigenschaften Anspruch machen, weil er eine Offenbarung Parabrahms ist. Krishna fordert deshalb Arjuna auf, seinen eigenen höchsten Geist zu verehren, durch welchen allein er zur Erlösung gelangen kann. Krishna lehrt Arjuna dasjenige, was der Logos im Verlaufe der Initiation (geistigen Wiedergeburt) die menschliche Monade (Einheit) lehren wird, und weist ihn darauf hin, dass nur durch ihn allein (durch das Schöpfer-Wort) Erlösung erlangt werden kann. Diese Lehre hat nichts mit einem persönlichen (beschränkten) Gotte zu schaffen. Krishna zerstreut die Zweifel Arjunas, indem er ihm zu einer höheren Anschauung der (göttlichen) Kraft, welche in und durch ihn wirkt, verhilft, wenn er auch gleich zeitweilig sich als ein individuelles Wesen offenbart. Er treibt Arjuna zum Kampfe an, indem er ihm das wahre Wesen des „Ichs" erklärt, und sagt, dass derjenige im Irrtum ist, der glaubt, dass er (der persönliche eigene Wille) dies oder jenes tue. Wer einmal einsieht, dass sein sogenanntes (unausgeglichenes) „Ich" ein Schein, eine Täuschung ist, entstanden in Folge der Nichterkenntnis der Wahrheit, der hat bereits das Schwierigste überwunden. Krishna beweist dann das Dasein einer höheren Individualität (im Menschen), von welcher Aijuna zuvor nichts wusste, und er lehrt, dass diese Individualität mit dem Logos verbunden ist. Er bezeichnet das Wesen des Logos und beschreibt ihn als Parabrahm.

Dies ist im allgemeinen der Inhalt der ersten zwölf Kapitel der Bhagavad Gita. In den darauf folgenden gibt Krishna noch weitere Lehren, um ihn in seinem Glauben zu befestigen, und erklärt ihm die Eigenschaften, welche der Natur (Prakriti) und dem Geiste (Purusha) innewohnen, durch welche alle Wesen ins Dasein gerufen wurden.

Zu bemerken ist, dass die Nummer achtzehn sich in dem Mahabharata häufig wiederholt. Sie enthält 18 Parvas, die streitenden Armeen sind in achtzehn Korps eingeteilt, die Schlacht dauert achtzehn Tage und der Name des Buches selbst bedeutet achtzehn. Diese Zahl steht in mystischer Verbindung mit Aijuna. Ich habe ihn als „den Menschen" bezeichnet, aber auch Parabrahm offenbart sich als Logos in verschiedener Art. Krishna ist der Logos, aber nur eine gewisse Art desselben. Die Nummer achtzehn bezeichnet diese besondere Art. Krishna ist das Logos, welches das menschliche Ich überschattet, und der Umstand, dass er seine Schwester dem Arjuna zur Frau gibt, stellt die Vereinigung des Lichtes des Logos mit der menschlichen Monade dar.

Es ist bemerkenswert, dass Krishna nicht von Arjuna fordert, dass er für ihn kämpfen solle, sondern er ist bloß der Wagenlenker, sein Freund und

Ratgeber. Hieraus folgt, dass die Monade des Menschen ihren eigenen Kampf kämpfen muss, aber, wenn sie einmal den wahren Weg betritt, von ihrem eigenen Logos unterstützt und erleuchtet wird.

I.

Die Bhagavad Gita, wie alle andern großen Religionslehren, bezieht sich vor allem auf die praktische Ausübung. Wie die Lehren von Christus, die Gespräche Gautamas und die Vorschriften anderer großen Weisen, so ist auch die Bhagavad Gita didaktisch und fern von Spekulation. Alle solche Lehren werden nicht nur nicht richtig verstanden, sondern sogar missverstanden werden, so lange man nicht deren gemeinsame Grundlage vor Augen behält. So lange die der Bhagavad Gita zu Grunde liegende Wahrheit nicht erkannt wird, wird auch die praktische Anwendung ihrer Lehren nicht begreiflich sein, noch die Folgerungen derselben bewiesen werden können. Die Philosophie, auf welche dieselben sich stützen, ist die Lehre von Krishna. Diese ist nicht in der Bhagavad Gita dargestellt, sondern wird als bekannt angenommen. Von einem wissenschaftlichen Beweise, wie ihn die moderne Wissenschaft verlangt, kann bei einem derartigen Versuche selbstverständlich keine Rede sein. Die Existenz der Prinzipien, von welchen hier die Rede ist, kann nicht auf äußerlichem, materiellem Wege bewiesen werden, dennoch beruht der Glaube an dieselbe auf hoher Autorität. Wenn wir diese Lehre genau untersuchen, so werden wir finden, dass sie die Grundlage von allen bekannten philosophischen Systemen bilden.

Vor allem ist zu bemerken, dass jedes System von praktischen Unterweisungen zur geistigen Führung nach zwei Richtungen hin beurteilt werden muss: Erstens in Bezug auf das, was es über den Menschen lehrt, über seine Natur, seine Lebensbedingungen, und über die in ihm enthaltenen Fähigkeiten; und zweitens in Bezug auf seine Lehren über den Kosmos und die Kräfte (=Elemente), deren Herrschaft er unterworfen ist, sowie auch über die Bedingungen zu seiner ferneren Entwicklung. So lange diese beiden Punkte nicht hinreichend untersucht worden sind, wird es kaum möglich sein, das höhere Ziel des Menschen wissenschaftlich kennen zu lernen.

In der Regel wird in neueren theosophischen Schriften die Konstitution des Weltalls, im allgemeinen und speziell diejenige des Menschen, als aus sieben Prinzipien bestehend, betrachtet. In dieser Siebenteilung ist jedoch auf keine Trennung von Daseinsstufen in der Konstitution des Menschen Rücksicht genommen, und ich ziehe es deshalb vor, diejenige Klassifikation anzuführen, welche von den vier Bewusstseinsformen, deren der Mensch fähig ist, handelt, und nach welcher die Menschennatur in vier Prinzipien (=Tattwas) eingeteilt wird, von denen jedes eine für sich bestehende getrennte Existenz zu führen im Stande ist. Diese vier Prinzipien sind mit vier Upadhis oder Wesenheiten verknüpft, und diese ihrerseits an vier besondere Bewusstseinsformen gebunden. Diese Vierteilung ist gleichfalls anwendbar auf unser Sonnensystem und auf das ganze Weltall.

Das erste Prinzip, oder mit anderen Worten, dasjenige, was sich vor allem der philosophischen Betrachtung darbietet, ist Parabrahm. Es gibt wohl keine Philosophie, die das Dasein einer Grundursache leugnet. Sogar die sogenannten „Atheisten" haben das nie getan. Von den verschiedenen Konfessionen hat jede ihre eigenen Meinungen in Bezug auf die Eigenschaften dieser ersten Ursache. Alle kirchlichen Zwistigkeiten haben ihren Ursprung nicht in einer Meinungsverschiedenheit darüber, dass eine Grundursache sei, sondern in einer Verschiedenheit in Bezug auf die Attribute, mit denen der Mensch dieselbe zu bekleiden sucht. Hier drängt sich uns die Frage auf: Kann man überhaupt in Bezug auf diese Grundursache etwas wissen? Es ist möglich, die Offenbarungen derselben zu erforschen, wenn es auch für das menschliche Erkenntnisvermögen nahezu unmöglich ist, in ihr Innerstes einzudringen, und ihr wahres Wesen zu erfahren. Alle religiösen Philosophen stimmen überein, dass diese Ursache allgemein und ewig sein muss. Wir wissen auch, dass dieselbe periodisch tätig ist. Wenn die Pralaya (Auflösung) des Weltalls kommt, so ist sie untätig, und beim Beginn der Evolution tritt sie in Tätigkeit.

Aber der Grund dieser periodischen Tätigkeit ist für unser Begriffsvermögen unerfasslich. Diese Ursache ist nicht materiell, noch irgend etwas, das wir mit Materie vergleichen konnten. Es ist (nach menschlichen Begriffen) nicht einmal Bewusstsein; denn alles, was wir vom Bewusstsein kennen, bezieht sich auf einen bestimmten Organismus. Ein Bewusstsein, das von allem Upadhi getrennt ist (Bewusstsein in absolutem Sinne), ist für uns unbegreiflich, und muss es nicht bloß für uns, sondern auch für jedes andere Wesen sein, welches den Begriff des Ichs, d. h. die Idee einer besonderen Individualität in sich trägt. Diese Ursache ist nicht einmal Atma. Das Wort „Atma" wird in unseren Büchern in verschiedenartigem Sinne gebraucht. Es steht immer mit der Idee des

Selbsts in Verbindung. Parabrahmam aber steht in keiner solchen Verbindung. Diese Ursache ist deshalb nicht „Ich", noch ist sie das „Nicht-Ich", auch nicht Bewusstsein (von etwas), oder, um mit unseren Philosophen zu sprechen, sie ist nicht gnatha, noch gnanam, noch gnayam (Die Erkenntnis, das Erkennende und der zu erkennende Gegenstand). Selbstverständlicherweise muss jede Wesenheit im Weltall in eine von diesen drei Kategorien (Ebenen) kommen, aber Parabrahmam kommt unter keine derselben. Trotzdem scheint es die Quelle zu sein, von welcher gnatha, gnanam und gnayam Offenbarungen oder Daseinsformen sind. Es sind auch noch einige andere Arten der Anschauung von Parabrahmam zu erwähnen, auf welche in der Bhagavad Gita Rücksicht genommen ist.

In jeder objektiven Bewusstseinsform erkennen wir, dass dasjenige, was wir „Materie" oder „Nicht-Selbst" nennen, schließlich bloß eine Summe von Eigenschaften ist. Ob wir aber zu dieser Einsicht durch logische Schlussfolgerung, oder durch ein inneres Selbstbewusstsein gelangen, so sind wir doch stets gezwungen, anzunehmen, dass irgend ein Etwas – die eigentliche Wesenheit des Dinges, welches diese Eigenschaften besitzt – vorhanden ist. Wir kennen nur die Eigenschaften, aber nicht das Wesen selbst.

Alle Vedantisten nehmen an, dass Parabrahmam die eine Wesenheit von allem im Weltall ist. Wenn unsere alten Philosophen sagen: „Sarvam Khalvidambrahma", so meinten sie damit nicht, dass alle die Eigenschaften, welche wir mit der Idee des „Nicht-Selbst" zusammenbringen, als Brahmam betrachtet werden sollten, auch nicht, dass Brahmam das Upadana Karanam (die Substanz) in demjenigen Sinne sei, wie Erde und Wasser das Upadana Karanam eines Mauerwerks ist, sondern sie gaben damit zu verstehen, dass das wirkliche Ding eine Summe von Eigenschaften sei, von welchen unser Bewusstsein Kenntnis nimmt und deren Wesenheit die Grundlage von allen Erscheinungen, Parabrahmam ist. Diese ist selbst kein Gegenstand der objektiven Erkenntnis, dennoch aber der Grund und die Stütze und die Ursache (Schöpfer) von jedem Ding und von jeder Art des Daseins, welche ein Gegenstand der objektiven Erkenntnis sein kann.

Dieser Parabrahmam, welcher war, ehe irgend ein Ding existierte, ist das Eine Sein, welches am Anfange der Evolution ein Kraftzentrum bildete, welches „Logos" genannt wird. Wir nennen es auch Iswara, oder Pratyagatma, oder Sabda Brahmam. Es wird von den Christen das Verbum oder (Schöpfer-)Wort genannt, und es ist der göttliche Christos, welcher ewig im Herzen des Vaters ruht. Die Buddhisten nennen es Avaloketiswara. In fast allen Systemen wird es als ein Zentrum von geistiger Energie betrachtet (Akasha), welches ungeboren und ewig ist und welches während der Pralaya im Herzen Parabrahmams wohnt, und beim Beginne der kosmischen Tätigkeit als ein Zentrum von bewusster Kraft erscheint (Im Anfang war das Wort! Es ist das erste gnatha oder Ego im Kosmos, und jedes andere „Ich" oder „Selbst" ist nur eine Wiederspiegelung oder Offenbarung desselben. Seiner innersten Natur nach ist es ebenso unbegreifbar als Parabrahmam, aber es ist der Gegenstand der höchsten Erkenntnis, die zu erlangen der Mensch fähig ist. Es ist das eine große Geheimnis im Universum, auf welches sich alle Initiationen und alle philosophischen Systeme beziehen.

Es ist nicht materieller Natur, noch ist es objektiv; es ist seinem Wesen nach nicht verschieden vom Parabrahmam, und dennoch insofern verschieden von ihm, als es eine individuelle Existenz hat. Es ist während der Pralaya im latenten Zustande im Herzen Parabrahmams enthalten, so wie das Gefühl des „Ichs" während des Schlafes im Menschen latent ist. Es ist in unsern Büchern als Satchitanandam beschrieben, und es ist damit gemeint, dass es sowohl sat, als auch chit, als auch anandam (drei in einem) ist.

Es hat sein ihm eigentümliches Selbstbewusstsein und seine eigene Individualität. Es ist vielleicht der einzige persönliche Gott, den es gibt. Um aber ein Missverständnis zu vermeiden, ist zu bemerken, dass fast unzählige solcher Kraftzentren (Logoi) im Herzen Parabrahmams wohnen. Mit andern Worten, Parabrahmam kann sich als ein Logos offenbaren, aber nicht bloß in einer einzigen bestimmten Form, sondern auf verschiedenartige Weise. Der Logos ist in der Bhagavad Gita im abstrakten Sinne und nicht als ein besonderer Logos behandelt. Erst wenn der Logos ins Dasein getreten ist, fangen die anderen Prinzipien im Weltall zu existieren an. Der Logos ist die erste Offenbarung Parabrahmams, das erste „Ich", welches im Weltall auf tritt; er ist der Anfang der Schöpfung, das Ende aller Evolution. Er ist die eine Quelle von aller Energie, die Grundlage von aller Erkenntnis und, was noch mehr ist, er ist der (quabbalistische) **Baum des Lebens**; denn das chaitanyam (Intelligenz) welches das ganze Weltall belebt, kommt von ihm. Wenn dieses Ich als eine selbstbewusste Wesenheit, mit ihrem eigenen objektiven Bewusstsein, einmal ins Dasein getreten ist, so wird sich zeigen, wie sich ihr Bewusstsein zum absoluten Bewusstsein verhalt, aus welchem dasselbe zum offenbaren Dasein entsprungen ist.

Vom Standpunkte des Logos gesehen, erscheint ihm Parabrahmam objektiv als Mulaprakriti (Die Wurzel der Natur). Dies ist besonders wichtig, denn hierin liegt die ganze Schwierigkeit, welche sich dem Verständnis von Purusha (Geist) und Prakriti (Natur) entgegenstellt. Dieses Mulaprakriti ist für uns materiell; allein Mulaprakriti ist nicht dasselbe wie Parabrahmam, nicht mehr als die Eigenschaften eines Dinges, die Wesen desselben sind. Parabrahmam ist die absolute Wirklichkeit und Mulaprakriti ist wie ein Schleier, unter dem dieselbe verborgen ist. Parabrahmam kann nicht so, wie er ist, gesehen werden; er ist dem Logos sichtbar, aber wie hinter einem Schleier, und dieser Schleier ist die mächtige Ausbreitung der kosmischen Materie. Er ist die Grundlage der materiellen Erscheinungen im Weltall.

Parabrahmam, nachdem er einerseits als das Ich (das Selbstbewusstsein) und andererseits als Mulaprakriti auftritt, stellt sich dar als die eine Urkraft, welche im ganzen Weltall (direkt und indirekt) vermittelst des Logos tätig ist. Vielleicht lässt sich diese Art der Tätigkeit durch ein Gleichnis illustrieren, welches, wenn auch nicht völlig zutreffend, doch einen annähernden Begriff davon geben kann: Vergleichen wir z. B. die Sonne mit dem Logos. Licht und Wärme entspringen ihr; aber dieses Licht und diese Wärme sind bereits latent im Raume enthalten und werden durch die Einwirkung der Sonne als sichtbares Licht und fühlbare Wärme daselbst hervorgerufen. In ähnlicher Weise strahlt Parabrahmam von dem Logos aus und offenbart sich als das Licht und die Kraft des Logos. Hierin erblicken wir nun die erste Offenbarung von Parabrahmam als eine Dreieinigkeit, die höchste Dreieinigkeit, deren Erkenntnis der Mensch fähig ist. Sie ist Mulaprakriti, Iswara oder der Logos und die bewusste Energie des Logos, welche Kraft (Geist) und Licht ist; und in dieser drei in einem erblicken wir die drei Prinzipien, auf denen das ganze Weltall gegründet zu sein scheint. Wir erblicken darin erstens „Stoff", zweitens „Kraft" und drittens das „Ich", oder die Wurzel des (wahren) Selbstbewusstseins, von welchem jedes andere (scheinbare) Bewusstsein bloß eine Abstrahlung oder Offenbarung ist. Wir müssen dabei nicht vergessen, dass genau zu unterscheiden ist zwischen Mulaprakriti (dem Schleier Parabrahmams, vom objektiven Standpunkte des Logos betrachtet) und der Energie, welche von ihm ausstrahlt. In der Bhagavad Gita macht Krishna besonders auf diesen Unterschied aufmerksam, und ein Übersehen dieses Umstandes hat zu unendlichen Missverständnissen in den verschiedenen philosophischen Systemen Anlass gegeben.

Dieses Mulaprakriti, der Schleier Parabrahmams, wird in der Sankhya Philosophie Avyaktam genannt. In der Bhagavad Gita wird es auch als Kutastha bezeichnet, weil es eine Einheit (unteilbar) ist. Das Licht des Logos wird Daiviprakriti genannt; es ist die Sophia (Weisheit) der Gnostiker und der heilige Geist der Christen. Man muss dies nicht so auffassen, als ob Krishna, als der Logos betrachtet, eine Offenbarung von Avyaktam wäre; er ist der geoffenbarte Parabrahmam, der Vater, und der heilige Geist strahlt aus durch Christos, den Sohn. Der Grund, weshalb er auch die „Mutter von Christos" genannt wird, ist, dass, wenn Christos sich im Menschen als dessen Erlöser offenbart, er sozusagen aus dem Schosse dieses göttlichen Lichtes geboren wird.

Erst wenn der Logos sich im Menschen offenbart, wird er ein Kind dieses Lichtes des Logos – dieser Maya oder inneren Natur, – aber in seiner Offenbarung im Kosmos verdient dieses Daiviprakriti eher die „Tochter" des Logos, als dessen „Mutter" genannt zu werden.

Dieses Licht ist dar gestellt als Gayatri. Gayatri ist nicht Prakriti. Es wird das Licht des Logos genannt, und um uns eine Vorstellung davon zu machen, wird es mit dem Lichte der Sonne verglichen. Aber die Sonne, von der dieses Licht seinen Ursprung hat, ist nicht die äußerlich sichtbare Sonne, sondern die Zentralsonne der Weisheit (=Akashamittelpunkt!). Dieses Licht wird auch das Mahachaitanyam des ganzen Kosmos genannt. Es ist die Quelle alles Lebens in der Natur. Dasjenige, was sich als Licht, als Bewusstsein und Kraft offenbart, ist eine und dieselbe Energie. Alle Krafte, die wir kennen, alle die verschiedenen Formen des Bewusstseins, welche uns bekannt sind, und das Leben von jedem Wesen ist nichts anderes, als Offenbarungen einer einzigen ursprünglichen Kraft, welche dem Logos entstammt. Alles dies muss in Betracht gezogen werden, wenn man die Wichtigkeit der Rolle, welche der Logos im Weltall spielt, begreifen will.

Wir haben nun zuerst Parabrahmam betrachtet, zweitens den Logos oder Iswara, drittens das Licht, welches sich durch Iswara offenbart und welches in der Bhagavad Gita „Daiviprakriti" genannt wird, und schließlich jenes Mulaprakriti, welches als ein Schleier von Parabrahmam erscheint. Die Schöpfung oder Evolution beginnt durch die intellektuelle Energie des Logos. Das Weltall mit seinen unzähligen verschiedenartigen Erscheinungsformen und seinen wunderbaren Gesetzen springt nicht durch einen Zufall aus dem Nichts hervor, und es entsteht auch nicht infolge der in Mulaprakriti gebundenen Kräfte. Es kommt ins Dasein hauptsächlich durch die Tätigkeit jener einen Quelle von Energie und Macht, die im Kosmos ist, welche wir den Logos nennen, und welche die Macht und die Weisheit Parabrahmams reprasentiert. Die Materie erlangt alle ihre Eigenschaften und Kräfte, welche im Verlaufe der Evolution so wunderbare Resultate hervorbringen, durch die Tätigkeit des (geistigen) Lichtes, welches vom Logos ausgeht und auf Mulaprakriti einwirkt. Von unserem Standpunkte betrachtet, mochte es sehr schwer sein, zu begreifen, was das für eine Art von „Materie" sein kann, welche in sich keine solchen Eigenschaften besitzt, wie man sie gewöhnlich aller Materie zuschreibt, und welche dieselben erst durch die Einwirkung des Lichtes des Logos erhält. Dieses Licht, diese Kraft, dieses Leben ist sozusagen das verbindende Glied zwischen objektiver Materie und dem subjektiven Gedanken von Iswara. Es wird von den Buddhisten Fohat genannt. Es ist das einzige Instrument, durch welches der Logos wirkt.

Was im Logos zuerst entsteht, ist bloß ein Bild, eine Vorstellung von dem, was im Kosmos entstehen soll. Dieses Licht oder diese Kraft fängt das Gedankenbild und prägt es der kosmischen Materie ein. Auf diese Weise treten alle geoffenbarten Sonnensysteme ins Dasein. Selbstverstandlicherweise sind die vier Prinzipien, welche wir oben erwähnten, ewig, und gehören dem ganzen Kosmos an. Es gibt keine Stelle im Weltall, von welcher diese vier Energien abwesend sind, und sie sind die vier Elemente der vierteiligen Klassifikation, welche wir in unserer Betrachtung des Weltalls angenommen haben.

Stellen wir uns vor, dass unser geoffenbartes Sonnensystem als ein Ganzes, mit allen seinen Prinzipien, das Sthula sarira (der materielle Körper) des ganzen Kosmos darstellt. Lasst uns dann das Licht, welches von dem Logos ausgeht, als das Sukshma sarira (Astralkörper) des Kosmos betrachten. Lasst uns ferner denken, dass dieser Logos, der ein Samen oder Keim, von welchem das ganze Weltall entspringt, und welcher das Bild des Universums in sich enthält, die Stelle des Karana sarira (Mentalkörper) des Kosmos einnimmt, und dass er ist, ehe das Weltall ins Dasein tritt, und schließlich, dass Parabrahmam sich zum Logos ebenso, wie unsere Atma sich zu unserm Karana sarira verhält.

Das sind die vier Prinzipien, welche nicht bloß unserem Sonnensystem, sondern dem ganzen unendlichen Weltall zu eigen sind. Iswara wird das Wort (Verbum oder Logos) oder Sabda Brahmam genannt. Die Erklärung dafür ist mystischer Natur, aber auch von höchster Wichtigkeit. Es gibt vier Arten von Vach (=die vierpolige Sprache). Dieselben werden Para,

Pasyanti, Madhyama und Vaikhari-Vach genannt. Vaikhari-Vach ist dasjenige, was wir aussprechen. Jede Art von Vaikhari-Vach existiert in seiner Madhyama-, dann in seiner Pasyanti-, und schließlich in seiner Para-Form. Die Ursache, weshalb diese Pranava „Vach" genannt wird, ist, dass die vier Prinzipien im Weltall diese vier Formen von Vach darstellen. Das ganze offenbare Sonnensystem existiert in seiner Sukshma-Form in diesem Licht, oder der Energie des Logos; da das Bild desselben gefangen und auf die kosmische, Materie übertragen wird, und andererseits muss der ganze Kosmos notwendigerweise in dieser einen Quelle von Energie vorhanden sein, von welcher dieses Licht ausstrahlt. Das ganze Weltall in seiner objektiven Gestalt ist Vaikhari-Vach; das Licht des Logos ist die Madhyama-Form, der Logos selbst die Pasyanti-Form, und Parabrahmam stellt sich als die Para-Form dar. Wer dies versteht, der begreift, weshalb es heißt, dass das Universum das als Weltall geoffenbarte Wort (Verbum) ist. Diese vier Prinzipien stehen unter einander in ähnlicher Verwandtschaft, wie die vier Zustande oder Offenbarungen von Vach.

Wir kommen jetzt zur Untersuchung der Prinzipien, welche unser Sonnensystem bilden, und es wird deshalb von Nutzen sein, die Lehren in Bezug auf Pranava und seinen matras zu berühren. Pranava bedeutet den Menschen und auch den geoffenbarten Kosmos, die vier Prinzipien in dem einen entsprechen denselben vier in dem andern. Die vier Prinzipien im offenbaren Weltall können in folgender Reihe betrachtet werden:

1. Vishwanara. Dies ist nicht bloß die offenbare objektive Welt, sondern die physische Grundlage, aus welcher die ganze objektive Welt ins Dasein kam. Ihr am nächsten gelegen und darauf folgend ist:

2. Hiranyagarbha. Dies ist nicht mit der Astralwelt zu verwechseln, sondern ist vielmehr die Grundlage, auf welcher das Dasein der Astralwelt beruht. Sie steht zu derselben in demselben Verhaltnis, wie Vishwanara zur äußeren Welt.

3. Iswara, oder, um Missverständnissen vorzubeugen, besser Sutratma (Überseele) genannt.

4. Parabrahmam. In Bezug auf letzteren sind verschiedene Meinungsdifferenzen entstanden. Man sollte glauben, dass für diesen, wie es mit dem Kosmos der Fall ist, ein Prinzip oder eine Wesenheit existieren sollte, aus welchem die andern drei Prinzipien hervorgehen, und die in ihm und seinetwegen existieren. Wenn dem so ist, so müssen wir das Avyaktam der Sankhyas als dieses vierte

Prinzip ansehen. Dieses Avyaktam ist Mulaprakriti, der Schleier von Parabrahmam, vom Standpunkte des Logos betrachtet. Der Raum gestattet uns nicht, hier auf die Einzelheiten der Theorie über die Evolution des Sonnensystems einzugehen. Wir können uns eine annähernde Vorstellung davon machen, wie die verschiedenen Elemente aus den drei Prinzipien, in welche Mulaprakriti unterschieden wird, ins Dasein kommen, wenn wir die neuere Theorie von Professor Crookes über die sogen. Elemente der modernen Chemie studieren. Sie zeigt uns annähernd, wie diese „Elemente" aus Vishwanara, dem am meisten objektiven der drei Prinzipien, entspringen und welches als das Protyle von Professor Crookes zu betrachten ist.

Diese Prinzipien selbst liegen unserer alltäglichen Erfahrung so fern, dass sie uns kaum als etwas mehr als Theorien und durch Schlussfolgerungen erlangte Begriffe, anstatt als Gegenstände wirklichen Wissens erscheinen. Wenn es aber schon schwierig ist, diese Prinzipien, wie sie in der Natur existieren, zu begreifen, so ist es noch viel schwieriger, sich eine Vorstellung von ihrer Grundlage zu machen. Ohne den ganzen Vorgang der Evolution zu verfolgen, müssen wir uns vorstellen, dass aus diesen drei Prinzipien, welche als ihre eine Grundlage Mulaprakriti haben, das ganze offenbare Sonnensystem mit allen seinen objektiven Welten entstanden ist. Wir müssen auch in Betracht ziehen, dass die eine Energie, welche während der ganzen Evolution tätig ist, im Lichte des Logos besteht, welches alle diese Prinzipien und die durch sie hervorgebrachten Erscheinungsformen durchdringt. Es ist dies das eine Licht, welches durch eine bewegende Kraft, die es durch die intellektuelle Energie des Logos erhält, ausgestrahlt wird und das ganze Programm der Schöpfung vom Anfange bis zum Ende der Evolution durchfuhrt. Wenn wir von unten anfangen, so sehen wir, dass in den niedrigsten Organismen dieses eine Leben sozusagen nicht geteilt, sondern ein gemeinsames ist. Im Mineralreiche z. B. finden wir Formen, die noch nicht als für sich lebende Organismen bezeichnet werden können; in ihnen ist dieses Licht ungeteilt. Im Tierreiche ist es schon mehr in den einzelnen Formen individualisiert und offenbart sich in ihnen noch überdies als Bewusstsein. Dieses Bewusstsein ist nicht eine Art von selbständigem Wesen, das durch das Licht erschaffen ist, sondern eine Art der Offenbarung dieses Lichtes, welches das Leben selbst ist. In den Menschen ist dieses Licht völlig differenziert und bildet das Zentrum oder „Ich", aus welchem aller geistige und psychische Fortschritt, den wir im Verlaufe der

Evolution wahrnehmen, entspringt. Diese Differenzierung ist vor allem das Resultat der Umgebung der einzelnen Organismen. Was in so einem niederen Organismus geschieht, die Tätigkeit, welche durch ihn in anderen Organismen hervorgerufen werden, und auch die Tätigkeiten, die er in diesem Zustande in sich gebiert, können nicht mit Recht „Karma" genannt werden; dennoch kann sein Leben und die Art seiner Tätigkeit einen gewissen Einfluss haben auf die zukünftige Art der Offenbarung jener Lebensenergie, welche in dem betreffenden Organismus wirkt. Im Menschen dagegen finden wir dieses Licht als Monade individualisiert, und hierin liegt die Ursache seiner Individualität.

Je mehr sich diese Individualität nach und nach von seiner Umgebung abgrenzt und er sich in seinem Charakter und in der Wirkung seines eigenen Karma immer deutlicher von anderen Individuen unterscheidet, umso mehr prägt sich der Charakter seiner Prinzipien in ihm aus. Es sind (wie bereits erwähnt) vier Prinzipien im Menschen:

1. Der physische Körper (Sthula sarira) über den wir hier nichts weiter zu sagen haben, da dessen Untersuchung mehr in das Gebiet der Physiologie als in das der Religion gehört. Allerdings ist die Kenntnis seiner Konstitution von höchster Wichtigkeit in Bezug auf gewisse Vorgange in der Ausübung von Yoga (z. B. Bewusstseinsversetzung); allein wir beabsichtigen nicht, diese Frage hier weiter zu erörtern.

2. Sukshma sarira. Dieses verhält sich zum physischen Körper gerade so, wie die Astralwelt zur objektiven Seite unseres Sonnensystems. Es wird mitunter Kamarupa genannt. Seine Sinneswerkzeuge sind nicht so differenziert und lokalisiert, wie die des physischen Körpers, und der Stoff, welcher ihn bildet, ist feiner. Seine Kraft zum Handeln und Denken ist bedeutend größer, als diejenige, welche der physische Organismus besitzt. In dem Verständnis der Eigenschaften des menschlichen Astralkörpers liegt der Schlüssel zur Erklärung der rätselhaften Erscheinungen des Somnambulismus, Hypnotismus, des Hellsehens, der Zauberei, Geistererscheinungen, Doppelgänger, Vampyre und anderer mystischen Vorgange in der Natur.

3. Karana sarira. Dieses können wir uns nur als ein Zentrum von Pragna vorstellen, einen Mittelpunkt von Kraft oder Energie, in welchem das dritte Prinzip im Kosmos (Sutratma) repräsentiert ist – der eigentliche Geist, ohne den der Mensch ein bloßes Tier wäre!

4. Das Licht des Logos. Dieses Licht vervollständigt die Dreiheit, gebildet durch die drei anderen Prinzipien, und verwandelt dieselbe in eine Vierheit.

Wie bereits bemerkt, ist dasselbe ein Licht, welches jeden Organismus durchdringt, und deshalb ist es in seiner Dreiheit in jeder der Upadhis offenbar als die wirkliche Jiva, oder das Ich des Menschen. Das sind das physische Ich, dass innere Ich, das geistige Ich und das göttliche wahre Ich. Um uns von dem oben Gesagten einen deutlicheren Begriff zu machen, wollen wir ein Gleichnis anführen. Wenn wir z. B. einen Spiegel zur Hand nehmen, die Sonnenstrahlen in ihm auffangen und sie auf eine Metallplatte fallen lassen, so dass sie von dieser wieder auf einen andern Gegenstand, z. B. eine Mauer reflektiert werden, so erhalten wir drei Bilder, wovon das erste klarer als das zweite, und das zweite leuchtender als das dritte ist.

Wir können das erste mit dem Karana sarira, das zweite mit dem Astralkörper, das dritte mit dem physischen Körper (und dessen Bewusstsein) vergleichen. In allen drei Fallen entsteht ein besonderes Bimbam (Lichtgebilde) und dieses Bimbam repräsentiert, so lange es besteht, das Ich. Das Bimbam des Astralkörpers verursacht in demselben das Gefühl und die Idee vom Selbst, wenn wir es als gesondert vom physischen Körper betrachten; das Bimbam des Karana sarira gibt dem Menschen die höchste Form von Individualität, die er besitzen kann.

Die vier Lichtflächen sind nicht von gleicher Stärke. Der Glanz der ersteren kann mit der höchsten menschlichen Erkenntnis verglichen werden, und derselbe wird schwächer und schwächer, je mehr das Licht von einem klaren Upadhi auf ein weniger klares oder getrübtes übertragen wird. Unser Selbstbewusstsein, unsere Erkenntnis hängt hauptsächlich von der Erleuchtungsfähigkeit der Upadhis ab, und wie das Bild der Sonne auf einer Wasserfläche undeutlich oder unsichtbar werden kann, wenn das Wasser getrübt oder bewegt wird, so wird auch das Bild des wahren Ichs in der Seele des Menschen getrübt oder verzerrt, wenn er von Leidenschaften hingerissen wird, und diese können dieses Bild sogar so unklar machen, dass er dessen Licht gar nicht mehr wahrzunehmen fähig ist.

Aus alledem geht aber auch hervor, dass die Idee des „Selbsts" (im gewöhnlichen Sinne) eine Täuschung ist. Sowohl Buddha als Sankaracharya, als auch alle großen Philosophen haben diese Idee des abgesonderten Ichbewusstseins als eine Illusion bezeichnet. Man muss aber dabei nicht glauben, dass diese Idee des Ichs oder des Egoismus aus denjenigen Gründen von ihnen als eine Illusion erklart wurde, welche

Stuart Mill sich vorstellte, nämlich dass diese Idee durch eine Verkettung von einer Reihe von Vorstellungen und Gefühlen entstanden sei und der Mensch gar kein Ich habe. Diese Idee ist nicht sozusagen fabriziert, auch ist sie nicht durch eine Verkettung von Vorstellungen oder Gemütszuständen entstanden. Sie ist nur insofern eine Illusion, als das wahre Selbst des Menschen der Logos selber ist, und dasjenige, was gewöhnlich als „Ich" betrachtet wird, ist nur eine Wiederspiegelung des Lichtes desselben in den verschiedenen Sphären seiner Natur.

Wenn man aber meint, dass ein so reflektiertes Licht nicht als ein individualisierte Wesen auftreten kann, so ist zu bedenken, dass obiges Gleichnis nur ein Gleichnis ist und den betreffenden Vorgang nicht völlig darstellt, so wie er in Wirklichkeit stattfindet. In der Tat kann jedes dieser Spiegelbilder im Menschen ein besonderes lebendiges Zentrum bilden. Wäre dies nicht der Fall, so wäre mein Ich eine von mir getrennte besondere Individualität. Es wurde dann mein Ich als etwas Apartes in meinem physischen Körper existieren, während ich in meinem objektiven Bewusstsein bin. Wie konnte ich dann dasselbe auf den Astralkörper übertragen, und man musste es von dort sogar auf das Karana sarira und schließlich gar auf das Logos versetzen; denn das eine steht unumstößlich fest, dass, wenn die Individualität oder das Ich des Menschen nicht mit dem Logos vereint wird, so ist seine Unsterblichkeit auch nur ein Wahn.

Nach den Vedantisten und auch nach Krishnas Lehre ist der Mensch eine Vierheit. Er besitzt: 1. den physischen Körper oder Sthula sarira; 2. den Astralkörper, Sukshma sarira; 3. den Sitz der höheren (geistigen) Individualität, das Karana sarira, und 4. die Atma.

In Bezug auf die Natur des vierten Prinzips gibt es Meinungsverschiedenheiten, welche große Irrungen veranlasst haben. Z. B. eine gewisse Schule der Sankhya-Philosophie, besonders diejenigen, welche Nireswara sankhyas genannt werden, nehmen drei Prinzipien an, deren Avyaktam die Vierheit ergänzt. Dieses Avyaktam ist Mulaprakriti oder richtiger Parabrahmam in Mulaprakriti, welches sein Upadhi vorstellt, offenbar. In diesem Falle ist Parabrahmam in Wirklichkeit das vierte Prinzip, das höchste im Menschen, und die andern drei existieren in ihm und infolge seines Daseins. Das heißt: Avyaktam ist das eine Prinzip, welches die Wurzel von allem Selbst bildet und welches sich im Verlaufe der Evolution in die verschiedenen Organismen zerteilt, oder richtiger, in welche es geteilt zu sein scheint, welches in jeder Art von Upadhi enthalten ist und welches die wirkliche geistige Wesenheit vorstellt, zu der der

Mensch gelangen muss.
In dieser Hypothese ist der Logos gänzlich ausgelassen, und deshalb
werden die Anhänger dieser Lehre Nireswara sankhyas genannt; – nicht
weil sie das Dasein Parabrahms geleugnet hatten, was sie nie taten, sondern
weil sie den Logos und dessen Licht nicht erkannt haben, welche zur
Erkenntnis der wahren Menschennatur von höchster Wichtigkeit sind.

Fortsetzung folgt.

14. Vorinstruktionen
H. Tränker

Ich möchte nun eine kleine Schrift des Pansophen Tränker hier zitieren, die aufzeigen soll, dass sogar in den Logen ein „Magisches Tagebuch" verlangt wird.

A. P. S.

ALLGEMEINE
PANSOPHISCHE
SCHULE

Mss. A. III.

Vor-Instruktion
für Neu-Aufgenommene

Herausgegeben vom C. P.
durch
Recnartus
am 27. 7. 1927

Geheim --- Als Handschrift zum internen
Gebrauche für die Neophyten der A. P. S.
gedruckt.

Etwaige Fehler in der Anschauung des Herrn Tränker wird jeder Hermetiker selbst leicht herausfinden. Hier folgt nun der wortgetreue Text:

Vor-Instruktion für Neu-Aufgenommene.

Motto: Keiner trete hier ein, der Beschränkung nicht als Sünde empfindet!

0. Io Pan! Heil sei Dir, dem neuen Bruder der einwesigen Bruderschaft.
1. Alle Neophyten des PAN treten ein in die GROSSE WANDLUNG.
2. Die Götter führen und geleiten Dich nun zur Vollendung deines MYSTERIUM MAGNUM in die tod- und lebenbringende Schule des PAN!
3. Die „Allgemeine Pansophische Schule" ist ein Brennpunkt der universalen Pansophischen Religion.
4. Als Religion des PAN ist sie gegliedert in Wissenschaft, Philosophie und Mystik.
5. Der Pansophische Tempelbau besteht darin, die armselige, irdische Hütte einzureißen und das Pansophische Bewusstsein durch die inneren Sinne zu erwecken und zu entwickeln nach kosmisch-metaphysischen Gesetzen.
6. Die Wiedergeburt als Geist-Mensch im Geiste, die systematische Schulung und Ausbildung aller Organe und Fähigkeiten des inneren Lebens, die Rückkehr und Vereinigung mit unserem heiligen Schutzengel oder Genius, und die allumfassende, einende, pansophische Liebe im verkrusteten Herzen lebendig zu gestalten durch einen gereinigten Willen und weise Tat: das ist das Ziel unserer Pansophischen Schule.
7. Die „Allgemeine Pansophische Schule" ist daher eine Bruderschaft von Erwählten des reinen Lichtes. Sie ist eine Gemeinschaft des inneren Lebens und besitzt Lehrer und Schüler in mehreren Welten.
8. Die LICHT-SUCHENDEN sind im äußeren Weltdienste gefangen. Die LICHT-FÄHIGEN fanden das Kleinod im Tempeldienste der Mysterien.
Die LICHT-TRÄGER stehen im Mittelpunkte des Heiligtumes und verteilen die Strahlen des verborgenen heiligen Namens.

9. Alle aber arbeiten und leben unter dem Willen des einen Meisters aller Meister, dem göttlichen PAN, um die Krone des Lebens zu erreichen.

10. Die Lehrgänge der A. P. S. sind daher angepasst dem individuellen Streben des Lichtsuchenden nach Wahrheit und Gewissheit.

11. Weil eine jede suchende Seele schon bestimmte Wege zurückgelegt hat und nur selten zwei gleiche Seelen verkörpert sind, kann auch jeder Suchende nur von seiner Stelle weitergeführt werden.

12. In der A. P. S. ist deshalb eine gemeinsame Unterrichtsteilung ausgeschlossen.

13. Aus dem gleichen Grunde hat jeder Chela auch seine Schulung rein persönlich zu betrachten und hat kein Recht, mit anderen ihm etwa bekannten Schülern über seine Studien und Übungen zu sprechen. Geheimhaltung ist durchaus erste Pflicht, schon weil jeder andere Wege zu gehen hat.

14. Mit Eintritt in die A. P. S. verspricht der Schüler, alles eigenwillig Herumstudieren in irgendwelchen Gebieten und Religionen aufzugeben und sich gänzlich den angegebenen systematischen Studien und Übungen unterzuordnen. (Beruf, Staatsschule etc. sind ausgeschlossen).

15. Weil aber alle Studien und Übungen wertlos sind für die Menschheit, welcher wir leben, wenn sie nicht auf irgendeine Weise fixiert werden, so soll jeder Chela sich sich sofort ein „Mystisches Tagebuch" anlegen, d. h. ein Kollegheft, in welches er möglichst täglich seine Erfahrungen, Übungen, neue Erkenntnisse etc. eintragen soll, allerdings nur rechtsseitig beschrieben und stets das Wichtigste. Um jedes Wort soll bitterernst gerungen werden.

16. Dieses M. T. ist zur gelegenen Zeit zwecks Korrektur und weiteren Weisungen einzureichen. (Genügend Rückporto ist allen Sendungen beizufügen, falls Antwort gewünscht wird.)

17. Gute Arbeiten werden in den Pansophischen Logen-Archiven oder im Hauptarchiv aufbewahrt und stehen dem Schüler jederzeit zur Einsicht frei, falls nicht eine Veröffentlichung in einer pansoph. Zeitschrift in Frage kommt.

18. Ein jeder Schüler hat das Recht, in allen Lebens- und Seelenangelegenheiten, in denen er sich keinen Rat mehr weiß, direkt an die Lehrer der A. P. S. zu wenden, wenn er es für richtig hält.

19. Kein Schüler MUSS den Weisungen und Aufgaben der Leiter nachkommen, sondern es steht in seinem freien Ermessen zu tun, wie und was er will! Jedoch – bei etwaigem Ausscheiden aus der A. P. S. hat der Schüler alles Lehrmaterial zurückzugeben, ebenso alle Briefe und Mss., die ihm gesandt wurden. Das Gelübde der Verschwiegenheit. bleibt durch den Austritt aus der Schule unberührt.

20. Weil aber die A. P. S. ein unermessliches Arbeitsfeld in Wissenschaften, Philosophie und Mystik zu bearbeiten hat, kann ein systematischer Fortschritt nur erreicht werden, durch intensive Hingabe des ganzen Menschheit an die gegebenen Aufgaben und Übungen theoretisch und praktisch.

21. Eine Gradation ist in der A. P. S. grundsätzlich ausgeschlossen. Berufen sind alle Brüder und Schwestern. Die Reife zu erlangen ist oberste Pflicht eines jeden. Reif ist, wer die Korruption in allen Gebieten, Ebenen und Sinnen überwunden hat.

22. Nach etwaigem Durchgange durch die A. P. S. steht dem Eintritte in den Hermetischen Orden der G. D., welcher eine Pansophische Akademie darstellt, nichts entgegen.

23. Sollten auch die schwierigen Grade dieses erhabenen Ordens mit Vollendung des inneren Tempelbaues absolviert sein, dann werden sicher die Pforten zum heiligen Gral der heiligen Bruderschaft vom Rosenkreuz einem vollkommenen Ritter und Bruder Eingeweihten geöffnet sein, aber nur erst dann. Beachte das!

24. Nur in ganz besonderen Ausnahmefällen, herbei geführt durch karmischen Verdienst, praktisches Können etc., würde Niemand, wer es auch sei, selbst schon den jungen Licht-Suchenden der A. P. S. von der Besitzergreifung seiner innerlich ihm zugehörigen Stufe im obigen erhabenen und heiligen Orden zurückhalten können. Proben werden oft gemacht; wer glaubt, den Anforderungen zu entsprechen, kann sich melden.

25. Jeder Novize sollte aber bedenken, dass, je größer das Wissen und Können, umso größer dann auch die Verantwortung ist. Höhere Stufen erfordern immer mehr unbedingte Herrschaft über Körper Seele und Geist.

26. Die erste Lehre aller Suchenden lautet: PAN-EGERSIA, d. i. ALL-ERWECKUNG! – Nichts darf verborgen bleiben, das wäre sein Tod! Alles soll leben durch das LICHT des PAN, denn PAN ist der

Magier Mensch. Und die ganze Welt ist die Schule der PANSOPHIA. Weisheit muss herrschen – Liebe muss dienen, um die heißersehnte Stadt der Pyramiden zu erreichen!

Zum Geleite:

Nun aber pilgere nur zu, Du armer, in großer
Wüste irrender Bruder.
Siehe die noch fernen Wahrzeichen der großen
heiligen Stadt – PANSOPHIA!
Und hoffe nun zuversichtlich, dass Du auf dem Wege
dorthin das LEBEN findest, welches die Toten
verachten und fortgeworfen haben.

Zusammenhang mit den Mantrams stehen. Ein Buch, das nicht nur die Hermetiker, sondern auch die Anhänger der Yogawissenschaften inspirieren wird!

*

Eine Sammlung der schönsten und lehrreichsten Beschwörungsgeschichten
Hohenstätten

Dieses Buch ist einzigartig, denn es zeigt den zweiten Band von Franz Bardon an Hand von interessanten Evokationsberichten, die genau das bestätigen, was Bardon in seinem Buch geschrieben hat, und noch darüber hinaus. Es werden sensationelle Erlebnisse geschildert, die man sonst niemals findet. Auch aus unveröffentlichten Schriften wird zitiert.

*

Verkörperungen des Meister Arion
Hohenstätten

Man wird beim Lesen dieses Buches nicht glauben, wie viele bekannte und unbekannte Inkarnationen Franz Bardon hatte. Die paar, die im „Frabato" bekannt gegeben wurden, stellen nur einen geringen Teil seiner Verkörperungen dar. Wir mussten, da es dermaßen wenig Literatur über die Verkörperungen gab, wieder Hunderte und Aberhunderte von Büchern, Aufsätzen, Zeitschriften und Artikeln durcharbeiten, bis wir genügend Material für dieses Buch hatten. Aber der Leser wird sich beim Lesen sicherlich über unsere Arbeit freuen, denn sie wird ihn in Erstaunen versetzen!

*

Shamballa, der goldene Tempel des Lichts
Hohenstätten

Dieser Tempel dürfte jeden Leser von Bardons Roman „Frabato" fasziniert haben. Dass es aber in der okkulten Literatur noch viel mehr Informationen darüber gibt, die man aber nur findet, wenn man alles Veröffentlichte gelesen hat, dürfte dem einen oder anderen unbekannt sein. Es wurden wieder ganze Stöße von Büchern durchgesehen und das Ergebnis wird hier veröffentlicht. Es wird aber gleichzeitig darauf hingewiesen, wie viel Schundliteratur es darüber gibt, wie viel Lügen im Umlauf sind, damit sich der Schüler der Hermetik ein klares Bild machen kann. Wir bringen in diesem Buch alles, was wir an Material darüber gefunden haben, und es wird auch noch einiges aus der eigenen Erfahrung, was das Wertvollste ist, mitgeteilt. Nicht nur über den Tempel wird berichtet, sondern auch über die damit verbundene „Bruderschaft des Lichts", deren Sitz er darstellt.

*

Auf der Suche nach Meister Arion
Hohenstätten

Diese Autobiographie eines Schülers der Hermetik des Franz Bardon schildert sein magisches Leben, in welchem zahlreiche Erfahrungen zu den Übungen aus dem Adepten geschildert werden, die die Hauptperson selbst erlebt hat. Es wird der schwere Weg des Adepten aus autobiographischer Sicht gezeigt, seine vielen Tiefschläge, aber auch seine glanzvollen Seiten und Zeiten. Der harte Kampf mit dem Seelenspiegel wird bis in alle Einzelheiten aufgezeigt, genauso wie die vielen anderen Wege, in welche der Autor reinschnupperte, um dadurch reichlich Erfahrung sammeln zu können. Darüber hinaus enthält es unzählige Erfahrungen und Berichte betreffs Mantramistik nach Bardon, die wahre Runenmagie, zahlreiche Evokationen sowie Invokationen mit seinem Lehrer Anion, einen magischen Exorzismus, wie er bisher noch nie öffentlich geschildert wurde. Mentalreisen, Beeinflussungen, Übungen zur Gottverbundenheit, Erscheinungen, Alchemie, Heilungen mit den verschiedensten magischen Methoden z. B. Quabbalah oder durch die Elemente, Schutzgeistevokationen und viele andere magische „Wunder" seines Freundes und Lehrers Anion. Auch einige magische Fotos in Farbe, ein bisher von Bardon unveröffentlichtes Akashafoto von Christus und ein Bild des schwebenden Meister Arion werden in diesem Buch preisgegeben. Der Inhalt ist viel reichlicher, als hier kurz beschrieben werden kann.

*

Magisches Gleichgewicht
Hohenstätten

Dieses Buch zeigt eindeutig, dass in allen anderen Systemen das „Gleichgewicht" genauso gebraucht wird, wie bei Bardons Werken. Er war nicht der Einzige, der das erwähnte, aber er war der erste, der es deutlich erklärte, denn die anderen Systeme sprachen nur durch das Symbol, welches nicht jedem Leser verständlich war. Obendrein bringen wir noch Unveröffentlichtes vom Meister Arion zu dieser Grundlage der magischen

95

Entwicklung.

*

Das Leben und die Erfahrungen eines wahren Hermetikers
Seila Orienta

Diese Autobiographie eines Magiers ist unübertroffen, denn bis jetzt hat kein einziger okkult Geschulter so offen und ehrlich gesprochen wie Seila Orienta. Er gibt in diesem Werk sein Leben bekannt, sowie seine zahlreichen und äußerst interessanten Erlebnisse und Erfahrungen. Es werden auch zum ersten Mal Fotos von Wesen der Sphären gezeigt, welche Franz Bardon höchstpersönlich in den 1920ern gemacht hat. Des Weiteren schreibt Seila Orienta über die Sphären, über Dämonen, Logenkontakte und vieles, vieles mehr, was einem ehrlich strebenden Hermetiker das Herz übergehen lassen wird.

*

Das Leben des Franz Bardon
Hohenstätten

Dieses Buch beschreibt das Leben des Meisters außerhalb des Frabatos, welches seine Sekretärin – Otti V. – geschrieben hat. Es beinhaltet Erklärungen zu seiner „Biografie", weitere Einzelheiten über den Kampf mit der FOGC, seine Beziehung zu Wilhelm Quintscher und anderen Okkultisten, was alles bisher unbekannt war! Des Weiteren werden viele Erlebnisse seiner Schüler in Prag erzählt, verschiedene magische Leistungen und interessante Geschichten Bardons beschrieben, die bis dato unveröffentlicht sind. Es werden auch seine drei Lehrwerke und deren Wirkung auf die Öffentlichkeit von einem anderen, unbekannten Standpunkt geschildert, welcher durch bisher schwer zugängliche Schriften unterstützt wird. Als Krönung wird seine aus dem Tschechischen übersetzte „Runenschrift" zum ersten Mal veröffentlicht. Auch einige Seiten aus anderen unveröffentlichten Schriften von ihm sowie interessante Fotos des Meister Bardon und seiner Freunde werden hier preisgegeben und vieles, vieles mehr.

*

In Verbindung mit der Gottheit
Hohenstätten

Über das Thema der Gottverbundenheit mit all seinen Formen und

Methoden wurde bis heute noch nie ein Buch verfasst, geschweige denn eine Schrift geschrieben. Man findet in der okkulten wie in der östlichen Literatur nur spärliche Hinweise, die größtenteils verschlüsselt sind oder so geschrieben wurden, dass man sie kaum versteht. Im Gegensatz dazu wird in diesem Buch offen dargelegt, dass das 1. kleine Arkanum der 78 Tarotkarten die Gottverbundenheit in ihrer Reinform darstellt.

*

Hermetische Heilmethoden
Hohenstätten

Dieses Buch stellt in der okkulten Literatur ein absolutes Unikum dar, denn über die Gesamtheit der okkulten Heilmethoden wurde bis jetzt noch NIE etwas Sinnvolles geschrieben. Es werden alle Heilmethoden erwähnt, die der hermetische Schüler mit Hilfe seiner bisher erlangten Konzentrationsfähigkeit ausüben und verwenden kann.

*

Erste hermetische Zeitschrift

„Der hermetische Bund teilt mit" ist eine der wenigen magisch-mystischen Zeitschriften, welche sich soweit als möglich auf die universelle Lehre von Franz Bardon bezieht. Sie versucht sich an die Gesetze des 4-poligen Magneten zu halten und vermittelt Wissen sowie Hinweise für die Praxis, damit der Leser die Möglichkeit hat, sie in seinen hermetischen Weg aufzunehmen und für sich gewinnbringend zu verarbeiten.

Noch viel mehr hermetische Literatur finden Sie auf unserer Website: http://www.hermetischer-bund.com.

Viel Vergnügen beim Stöbern!

Der Verlag

FSC
www.fsc.org
MIX
Papier aus ver-
antwortungsvollen
Quellen
Paper from
responsible sources
FSC® C105338